Brian Fleming Research & Learning Library
Ministry of Education
Ministry of Training, Colleges & Universities
900 Bay St. 13th Floor, Mowat Block
Toronto, ON M7A 1L2

NOUVELLE ORTHOGRAPHE

la liste
SIMPLIFIÉE

ISBN 978-2-9808720-3-7

Le contenu de ce livre est applicable dans toute la francophonie.

Rédaction, recherche linguistique,
traitement lexicologique : Chantal Contant
Collecte de mots : Chantal Contant, Joceleyn Lavoie
Révision, correction, consultation
éditoriale et typographique : Francine Corbeil
Lecture, correction : Valérie Chieu, Caroline Dault
Couverture : Christian Dugas

Dépôt légal :
Bibliothèque et Archives nationales du Québec, 2010
Bibliothèque et Archives Canada, 2010
Bibliothèque nationale de France, 2010

Tous droits réservés
© Chantal Contant 2010
www.chantalcontant.info

www.orthographe-recommandee.info
Ce livre est conforme à la nouvelle orthographe

Éditeur :
De Champlain S. F.
6455, rue Jean-Talon Est, bureau 1002
Montréal (Québec) H1S 3E8 — Canada
livres@dechamplain.ca

Imprimé au Canada par Marquis imprimeur inc.

Autres ouvrages sur l'orthographe : voir p. 194 à 199.

Chantal Contant

NOUVELLE ORTHOGRAPHE

la liste SIMPLIFIÉE

De Champlain S. F.

Nouvelle orthographe : la liste simplifiée
© Chantal Contant 2010

Conformément aux lois relatives aux droits d'auteur, toute reproduction, par quelque procédé que ce soit, et sans accord préalable écrit de l'éditeur, est strictement interdite, à l'exception de courtes citations (dans un but d'exemple ou d'illustration) ainsi que de copies ou reproductions strictement réservées à l'usage privé du copiste et non destinées à une utilisation collective.

www.**nouvelle**orthographe.info

Comment utiliser ce livre

Ce livre est conçu pour donner accès aux **mots** de la nouvelle orthographe et aux **règles** qui les touchent.

Consultation facile

Cet ouvrage est divisé en deux parties.

♦ La liste de mots

La **liste alphabétique** simplifiée (pages 21 à 168) répertorie les mots qui sont touchés par les rectifications de l'orthographe du français.

Cette liste permet de **vérifier** l'orthographe moderne de ces mots.

Pour chaque mot touché, le **changement** est clairement indiqué.

♦ Les règles

Les **nouvelles règles en vigueur** sont présentées aux pages 170 à 193.

Des **exemples** de mots fréquents illustrent chacune de ces règles pour en faciliter la compréhension.

Testez votre orthographe

Vous utilisez **déjà**, sans le savoir, la nouvelle orthographe.

Grâce à ce test, voyez **à quel pourcentage** vous rédigez en appliquant l'orthographe moderne recommandée.

Test

Encerclez la forme que <u>vous</u> employez.

→ Quand vous rédigez, vous écrivez...

1. a) **pizzeria** b) **pizzéria**
2. a) **des sandwichs** b) **des sandwiches**
3. a) **cent vingt-six** b) **cent-vingt-six**
4. a) **boursoufler** b) **boursouffler**
5. a) **un gourou** b) **un guru**
6. a) **baseball** b) **base-ball**
7. a) **événement** b) **évènement**
8. a) **la poule caquette** b) **la poule caquète**
9. a) **abîme** b) **abime**
10. a) **socioculturel** b) **socio-culturel**
11. a) **greloter** b) **grelotter**

12. a) **des ravioli**   b) **des raviolis**
13. a) **imbécilité**   b) **imbécillité**
14. a) **ambiguë**   b) **ambigüe**
15. a) **il tolérera**   b) **il tolèrera**
16. a) **quincailler**   b) **quincaillier**
17. a) **un anticernes**   b) **un anticerne**
18. a) **entr'apercevoir**   b) **entrapercevoir**
19. a) **hydroélectricité**   b) **hydro-électricité**
20. a) **on les a laissé fuir**   b) **on les a laissés fuir**

Comptez le nombre de réponses conformes au corrigé ci-dessous (les réponses du corrigé correspondent aux formes recommandées). Multipliez votre résultat par cinq (5) et vous obtiendrez ainsi le pourcentage de mots que vous écrivez déjà en nouvelle orthographe.

Pour augmenter le pourcentage de formes modernes dans vos écrits de tous les jours, consultez les règles et la liste.

Corrigé

1. b	5. a	9. b	13. a	17. b
2. a	6. a	10. a	14. b	18. b
3. b	7. b	11. a	15. b	19. a
4. b	8. b	12. b	16. a	20. a

Orthographe en évolution

Vers plus de cohérence

La nouvelle orthographe rend le français écrit plus **cohérent**, en éliminant des anomalies injustifiées : certains pluriels sont **régularisés**, des accents sont corrigés, plusieurs formes sont **francisées**, l'usage du trait d'union se précise, des consonnes inutiles disparaissent.

L'orthographe a toujours évolué. Les nouvelles règles en vigueur mettent fin aux hésitations sur l'orthographe de plusieurs mots.

Loin d'être une écriture phonétique, cette orthographe rectifiée touche en moyenne seulement **un mot par page** dans les textes.

Dictionnaires et correcteurs

Les **dictionnaires** et **grammaires** mentionnent de plus en plus la nouvelle orthographe.

Tous les grands **correcteurs** informatiques intègrent les formes recommandées. Leurs réglages permettent d'accepter l'orthographe moderne lors de la frappe ou de vérifier son application lors de l'étape de la correction.

À l'école

Ces rectifications, sages et limitées, ont été proposées à l'origine par le Conseil supérieur de la langue française (Paris) et approuvées par l'Académie française. « **Aucune des deux graphies** [ni l'ancienne ni la nouvelle] **ne peut être tenue pour fautive** », déclare l'Académie.

Les élèves ne peuvent donc plus être pénalisés. Les rectifications de l'orthographe française sont maintenant reconnues par les principaux **ministères de l'Éducation** dans la francophonie. Des détails à ce sujet se trouvent au www.orthographe-recommandee.info.

Au travail et à la maison

Tant dans les documents **professionnels** que dans les écrits **personnels**, l'orthographe moderne prend sa place. Puisque les dictionnaires se mettent à jour, les habitudes d'écriture évoluent aussi et se modernisent.

Dans les milieux de travail, une orthographe plus régulière, donc plus cohérente, peut être employée librement par tous ceux et celles qui écrivent : il leur suffit d'avoir l'information adéquate à portée de la main.

Informations pratiques

L'ordinateur pour vous aider

L'ajustement des **réglages** de son logiciel de correction (Antidote, ProLexis...) ou de ceux d'un correcteur orthographique intégré (dans Word, OpenOffice.org, PowerPoint...) aide à moderniser son orthographe en douceur.

Le menu **Outils/Options** offre les réglages pour corriger avec l'orthographe rectifiée, ce qui permet de débusquer les graphies traditionnelles dans un texte. Les filtres du correcteur Antidote sont particulièrement efficaces pour les repérer en quelques instants. Au www.nouvelleorthographe.info, le menu Logiciels à jour fait le tour de la question.

Sites à visiter

Les internautes visiteront avec profit les sites :

- www.nouvelleorthographe.info
- www.orthographe-recommandee.info

De nombreuses pages abordent les points suivants : historique, dictionnaires à jour, positions ministérielles, exercices et corrigés, logiciels à jour, suggestions de lectures en nouvelle orthographe, conseils pratiques, etc.

Fausses rumeurs

Il n'y a **pas de date limite** pour employer les formes rectifiées. Les deux orthographes coexistent. **On peut donc mélanger les deux orthographes dans un même texte** : c'est ce que font tous les gens qui écrivent, incluant vous-même, comme vous avez pu le constater dans le test des pages 6 et 7.

Même si l'orthographe traditionnelle reste admise et que les élèves ne doivent pas être pénalisés pour avoir utilisé l'une ou l'autre forme (ou même les deux) dans un examen, certaines graphies non recommandées ont commencé à **disparaitre des dictionnaires**.

Par exemple, **extra-terrestre** et **cumulo-nimbus** (avec trait d'union) ne sont plus dans les dictionnaires, alors qu'ils y figuraient il y a trente ans ; le pluriel étranger invariable **des ravioli**, qui était admis encore récemment, est sorti des dictionnaires courants.

Attention... Tout n'est pas changé : **éléphant** n'est pas touché, son **ph** est maintenu. Le pluriel de **cheval** est toujours **chevaux**. Il ne faut pas inventer des « simplifications » là où il n'y en a pas eu. Il ne s'agit pas de niveler par le bas, mais de suivre des règles plus régulières, qui comportent moins d'exceptions.

Les changements sont **sages** et **limités**. Ils ne bouleversent pas les habitudes d'écriture ou de lecture en français. La preuve : vous lisez ce livre aisément, et il est pourtant écrit en appliquant l'orthographe rectifiée.

La nouvelle orthographe ne demande pas de « tout réapprendre ». Il s'agit d'une poignée de **règles**, qui vont dans le sens de la logique et de la **cohérence**.

Les rectifications de l'orthographe française ont été mises en place en **France**, et différentes instances francophones ont été consultées en **Belgique**, en **Suisse**, au **Québec**… Il ne s'agit donc pas d'une initiative régionale : les modifications qui ont été apportées à l'orthographe touchent **toute la francophonie**.

Cette nouvelle orthographe en vigueur n'est **pas entièrement nouvelle** : elle confirme plusieurs règles qui étaient déjà en place, mais qui souffraient d'exceptions inutiles. Certaines formes régulières étaient donc déjà présentes dans des dictionnaires, aux côtés de formes concurrentes plus traditionnelles, irrégulières ; il n'est pas rare qu'un mot puisse s'écrire de deux façons, mais les dictionnaires se contredisaient parfois. Les rectifications, ainsi que les recommandations qui y sont rattachées, harmonisent le tout en indiquant clairement les formes à privilégier.

Formation pratique

Diverses ressources sont disponibles afin de permettre à chacun et à chacune de bien maitriser l'orthographe moderne :
- des **sites** regorgent d'informations ;
- plusieurs **guides** ou livres d'**exercices** se trouvent en librairie (voir notamment à la page 194) ;
- des **formations** sont offertes au public, aux écoles et aux entreprises dans plusieurs pays de la francophonie ;
- la trousse DIX RÈGLES, DIX ÉQUIPES (avec vidéo) servant à l'autoformation en groupe en milieu de travail est transmise **gratuitement** aux gens intéressés [écrire à gqmnf@renouvo.org].

Informations gratuites

Un **service d'information** sur la nouvelle orthographe du français permet de recevoir **sans frais** des renseignements sur les rectifications de l'orthographe dans toute la francophonie. On en fait la demande dans les menus du site www.nouvelleorthographe.info.

Liste simplifiée

Dans la liste alphabétique :

- le **soulignement** met clairement en relief le type de modification qui s'opère sur chaque mot ;
- un **code** suit le mot pour indiquer la règle qui est appliquée ;
- une **légende** en bas de page rappelle le contenu des règles.

Exemple :

cr<u>è</u>merie • C1

C1 : **è** et non **é**

Conventions dans la liste

♦ **Féminin** — Le féminin est généralement exprimé à l'aide de la barre oblique :

déchaîné/ée signifie **déchaîné** et **déchaînée** ;
gouteur/euse signifie **gouteur** et **gouteuse**.

♦ **Modèle** — Les mots construits avec des préfixes ou des éléments savants, comme **psychoaffectif**, n'ont pas tous été signalés explicitement : un modèle de construction général est plutôt illustré, avec des exemples.

> **psycho......** • A3 :
> psychoaffectif/ive
> psychoéducation, etc.

Il en est de même pour les noms composés. Lorsque la mention « etc. » figure à la fin des exemples, c'est qu'il existe assurément d'autres mots construits sur ce même modèle.

> **abat-......** • B1 :
> un abat-jour
> des abat-jours
> un abat-vent
> des abat-vents, etc.

♦ **Famille** — Les mots de même famille qui sont soumis à la même règle sont généralement regroupés sous un code unique, si l'ordre alphabétique le permet. C'est le cas, par exemple, de **bruler**, **bruloir**, **brulure**…

◆ **FUTUR** — Les exemples au futur simple supposent que la même règle s'applique au conditionnel présent. Ainsi, un exemple tel que **je cèderai** vaut aussi pour le conditionnel : **je cèderais**. Toutes les personnes (je, tu, il…) de ces temps sont également touchées : **tu cèderas**, **tu cèderais**, **il cèdera**, **elle cèderait**, **nous cèderons**, **nous cèderions**, **vous cèderez**…

◆ **CODE DE LA RÈGLE** — Les codes des règles sont donnés dans l'ordre d'apparition des modifications dans le mot. Pour le mot **mafioso • G17, B2 : des mafiosos**, on a d'abord G17 (préférer un seul **f**), puis B2 pour le pluriel régulier en français.

◆ **DÉFINITION** — Certains mots de la liste sont accompagnés d'une courte définition, pour en clarifier le sens ou pour éviter toute confusion avec un mot semblable. Ces définitions sont souvent inspirées du dictionnaire du logiciel Antidote.

◆ **LIGNE VERTICALE** — Une fine ligne verticale permet de mettre discrètement en relief des remarques ou des avertissements en lien avec le ou les mots précédents.

◆ **ENCADRÉ** — Des encadrés présentent des explications complémentaires.

◆ **ANGLICISME** — Certains anglicismes sont touchés par les règles qui s'appliquent aux mots étrangers. Nous les avons clairement identifiés dans la liste pour en déconseiller l'emploi. Un équivalent français est souvent donné. Attention : la nouvelle orthographe ne préconise pas l'emploi de tel ou tel mot de vocabulaire, elle ne fait qu'en préciser l'orthographe. C'est à chacun et à chacune de choisir les termes à employer dans son texte.

♦ **PRONONCIATION** — La mention « on dit aussi... » indique que le mot est rectifié, mais qu'il peut aussi se prononcer et s'écrire différemment. Par exemple, entre **yogourt** et yoghourt, il est recommandé de choisir la forme sans **h**, mais on peut tout aussi bien employer la variante **yaourt**. C'est la même chose pour **papèterie** et **papeterie** : les deux sont possibles, selon la prononciation voulue.

♦ **LÉGENDE EN BAS DE PAGE** — La légende en bas de page rappelle brièvement le contenu des règles. La présentation complète des règles se trouve à la page 170, et un résumé peut être consulté à la page 204.

Parcourez la liste...

Astuce — Feuilletez d'abord les règles de ce livre (page 170) pour bien vous familiariser avec les principes généraux et réguliers de la nouvelle orthographe.

Parcourez ensuite la liste alphabétique et **surlignez** en **couleur** les mots que vous êtes susceptible d'employer dans vos propres textes. Vous aurez ainsi un bon aperçu des changements qui vous touchent concrètement.

En tout temps, consultez la liste pour lever un doute et vérifier tel ou tel mot.

UNE LISTE PLUS DÉTAILLÉE

Cette liste simplifiée est tirée du livre ***Grand vadémécum de l'orthographe moderne recommandée***.

Consultez cet ouvrage plus complet si vous êtes en enseignement, en rédaction, en révision ou en traduction, car il contient plus de mots et de plus amples explications. Par exemple :
— la catégorie de chaque mot est donnée ;
— tous les mots sont accompagnés d'une explication ;
— la liste répertorie des mots relevant des exceptions, de même que d'autres mots inchangés (pour lever tout doute) ;
— de nombreux renvois alphabétiques aident le repérage (ex. : ciao renvoie à **tchao**, kleptomane renvoie à **cleptomane**).

Voyez à ce sujet la page 198.

Les mots de la liste

A

abaisse-...... • B1 :
 un abaisse-bobine
 des abaisse-bobines
 un abaisse-langue
 des abaisse-langues
 etc.

abat-...... • B1 :
 un abat-jour
 des abat-jours
 un abat-son
 des abat-sons
 un abat-vent
 des abat-vents
 etc.

abattage
abattant
abattée
abattis • F1

abcéder • C1 :
 j'abcèderai

abécher • C1 :
 j'abècherai

abeillerole • D3

abime
abimé/ée
abimer • C2

abrègement • C1
abréger • C1 :
 j'abrègerai

absout, absoute • F2

à capella • C4, G17

accéder • C1 :
 j'accèderai

accélérando • C4, B2 :
 des accélérandos

accélérer • C1 :
 j'accélèrerai

accroche-...... • B1 :
 un accroche-coeur
 des accroche-cœurs
 un accroche-plat
 des accroche-plats
 un accroche-tasse
 des accroche-tasses
 etc.

RECTIFICATIONS – **B1**, **B2** : singulier et pluriel réguliers ; **C1** : è et non é ; **C2** : sans accent circonflexe sur i ou u ; **C3** : tréma sur u ; **C4** : accent pour francisation ; **D1** : -èle et non -elle, -ète et non -ette ; **D2**, **D3** : consonne simple ; **F1**, **F2** : anomalie rectifiée ; **G17** : choisir la forme avec la consonne simple.

accroitre • C2 :
elle accroit
j'accroitrai
acérer • C1 :
j'acèrerai
acétabularia • C4
acétabulum • C4
acétobacter • B2 :
des acétobacters
achanti/ie • G13
acido...... • A3 :
acidoalcalinité
acidobasique
acidorésistance, etc.
aciérer • C1 :
j'acièrerai
acinus • B2 :
des acinus
acon
aconier • G17
à contrario • C4
acuponcteur/trice
acuponcture • G3
adagio • B2 :
des adagios
addenda • B2 :
des addendas

adhérer • C1 :
j'adhèrerai
adiposo...... • A3 :
adiposogénital/ale
adultérer • C1 :
j'adultèrerai
aédès (moustique) • C4
(on dit aussi aède)
aérer • C1 :
j'aèrerai
aéro...... • A3 :
aéroclub
aéroélectrique, etc.
aérolite • G2
afférer • C1 :
j'affèrerai
affèterie • C1
affourragement
affourrager • F1
affréter • C1 :
j'affrèterai
affut
affutage
affuté/ée
affuter
affuteur/euse • C2
affutiau, affutiaux • C2

RECTIFICATIONS – **A1**, **A2**, **A3** : soudure (avec le préfixe) ; **A4** : soudure (mot étranger ou onomatopée) ; **A5** : soudure ; **A6** : trait d'union ; **B1**, **B2** : singulier et pluriel réguliers ; **C1** : è et non é ; **C2** : sans accent circonflexe sur **i** ou **u** ; **C3** : tréma sur **u** ; **C4** : accent pour francisation ; **D1** : -**èle** et non -**elle**, ou -**ète** et non -**ette** ; **D2**, **D3** : consonne simple ; **F1**, **F2** : anomalie rectifiée ; **F3** : accent ajouté ; **F4** : -ill- au lieu de -illi-.

aficionado • G17
à fortiori • C4
afrikans • G20
aga • G2
agace-…… • B1 :
un/une agace-pissette
des agace-pissettes
agenda • B2 :
des agendas
agératum • C4
agglomérer • C1 :
j'agglomèrerai
à giorno • C4
agneler • D1 :
j'agnèle
j'agnèlerai
agnolotti • B2 :
des agnolottis
agréger • C1 :
j'agrègerai
agro…… • A3 :
agroalimentaire
agroforesterie
agropastoral/ale, etc.
ahaner • G17
aide-mémoire • B1 :
des aide-mémoires

aigretté/ée • G20
aigu, aigüe • C3
aiguiller (nom)
aiguillère • F4
aiguilleter • D1 :
j'aiguillète
j'aiguillèterai
aiguise-…… • B1 :
un aiguise-crayon
des aiguise-crayons
aimè-je (rare) • C1
ainé/ée
ainesse • C2
aitre, aitres • C2
akène • G12
à la tempéra • C4
à latéré • C4
alcalino…… • A3 :
alcalinoterreux/euse
alcoolo…… • A3 :
alcoolorésistant/ante
aléser • C1 :
j'alèserai
alexandra (boisson)
• B2 : des alexandras
algonquien/enne • G11

RECOMMANDATIONS – G1 à G20 : il existait au moins deux variantes, il faut choisir la forme la plus simple ou la plus française (**G1** : choisir sans accent ; **G2** : choisir sans h ; **G3 à G16** : choisir cette forme plus française ; **G17** : choisir avec la consonne simple ; **G18** : choisir singulier et pluriel réguliers ; **G19** : choisir la soudure ; **G20** : choisir cette forme) ; **G21** : **-eur** au lieu de **-er** ; **G22 à G24** : forme recommandée. **RÈGLES : p. 170.**

algonquin/ine • G11
aliéner • C1 :
 j'aliènerai
allécher • C1 :
 j'allècherai
allègement • C1
alléger • C1 :
 j'allègerai
allègrement • C1
allégretto • C4, B2 :
 des allégrettos
allégro • C4, B2 :
 des allégros
alléguer • C1 :
 j'allèguerai
allier (filet) • G2
allo • G1
allume-...... • B1 :
 un allume-cigare
 des allume-cigares
 un allume-cigarette
 des allume-cigarettes
 un allume-feu
 des allume-feux, etc.
allumetier/ère • D2
 (on dit aussi
 allumettier/ère)

alpha (lettre grecque)
 • B2 : des alphas
alphatest
alphatesteur/euse
 • G19
altéa • G2, G5
altérer • C1 :
 j'altèrerai
alto...... • A3 :
 altocumulus
 altostratus
alvéolo...... • A3 :
 alvéolodentaire
à maxima • C4
ambigu, ambigüe • C3
ambigüité • C3
amignoter • D3
à minima • C4
amino...... • A3 :
 aminoacide
 amnioembryonnaire
amoncèlement • D1
amonceler • D1 :
 j'amoncèle
 j'amoncèlerai
ampèreheure • A5

RECTIFICATIONS – **A1**, **A2**, **A3** : soudure (avec le préfixe) ; **A4** : soudure (mot étranger ou onomatopée) ; **A5** : soudure ; **A6** : trait d'union ; **B1**, **B2** : singulier et pluriel réguliers ; **C1** : è et non é ; **C2** : sans accent circonflexe sur i ou u ; **C3** : tréma sur u ; **C4** : accent pour francisation ; **D1** : -èle et non -elle, ou -ète et non -ette ; **D2**, **D3** : consonne simple ; **F1**, **F2** : anomalie rectifiée ; **F3** : accent ajouté ; **F4** : -ill- au lieu de -illi-.

amuse-...... • B1 :
 un amuse-bouche
 des amuse-bouches
 un amuse-gueule
 des amuse-gueules

ana • B2 :
 des anas

anar • G18 :
 des groupes anars

anarcho...... • A3 :
 anarchosyndicaliste
 anarchosyndicalisme

anatomo...... • A3 :
 anatomopathologie
 anatomopathologue

anévrismal/ale
anévrisme • G20

anglo-québécois/oise
 • F3

> On met un trait d'union marquant la coordination dans des mots comme anglo-américain/aine anglo-russe, etc. (Détails à la page 171.)

angstrœm • G20

anguillère • F4

anhéler • C1 :
 j'anhèlerai

anidrose
anidrotique • G2

anneler • D1 :
 j'annèle
 j'annèlerai

antéro...... • A3 :
 antéropostérieur/eure

anthraco...... • A3 :
 anthracosilicose

anti...... • A3 :
 antiâge (+G18, voir encadré page suivante)
 antiaméricain/aine
 antiatomique
 antibactérien/enne
 antiballotant/ante (+D3)
 antiblocage (+G18)
 anticerne (+G18)
 anticrènelage (+C1)
 antidouleur (+G18)
 antiestrogène (+G8)
 antiimpérialisme
 antiinflammatoire
 antioxydant/ante
 antiquébécois/oise (+F3)
 antirèglementaire (+C1)

RECOMMANDATIONS – **G1** à **G20** : il existait au moins deux variantes, il faut choisir la forme la plus simple ou la plus française (**G1** : choisir sans accent ; **G2** : choisir sans **h** ; **G3** à **G16** : choisir cette forme plus française ; **G17** : choisir avec la consonne simple ; **G18** : choisir singulier et pluriel réguliers ; **G19** : choisir la soudure ; **G20** : choisir cette forme) ; **G21** : **-eur** au lieu de **-er** ; **G22** à **G24** : forme recommandée.   **RÈGLES** : **p. 170.**

antiride (+G18)
antirouille (+G18)
antivirus, etc.

> **Anti... avec s ou sans s ?**
>
> La règle G18 recommande de choisir le singulier et le pluriel réguliers s'ils sont déjà présents dans certains dictionnaires.
> Exemples :
> une crème antiâge
> des crèmes antiâges
> un antiride
> des antirides.

antipasto ou
antipasti • B2 :
  des antipastos ou
  des antipastis

aout
aoutage
aoutat
aouté/ée
aoutement
aouter
aouteron
aoutien/enne • C2
à pari • C4

apax • G2
à-pic • B1 : des à-pics
aplat • G19, G20
à posteriori • C4
aposteriori (nom)
  • A4, C4, B2 :
  des aposterioris
apparaitre • C2 :
  il apparait
  j'apparaitrai
apparatchik • B2 :
  des apparatchiks
appâts • F2

> **Appeler est-il touché ?**
>
> Non. Le verbe appeler continue de se conjuguer avec un double l avant un e dit « e muet » : j'appelle. Il en est de même pour rappeler, entrappeler et interpeler. La règle D1 ne s'applique pas à ces verbes.

appéter • C1 :
  j'appèterai

RECTIFICATIONS – **A1**, **A2**, **A3** : soudure (avec le préfixe) ; **A4** : soudure (mot étranger ou onomatopée) ; **A5** : soudure ; **A6** : trait d'union ; **B1**, **B2** : singulier et pluriel réguliers ; **C1** : è et non é ; **C2** : sans accent circonflexe sur **i** ou **u** ; **C3** : tréma sur **u** ; **C4** : accent pour francisation ; **D1** : **-èle** et non **-elle**, ou **-ète** et non **-ette** ; **D2**, **D3** : consonne simple ; **F1**, **F2** : anomalie rectifiée ; **F3** : accent ajouté ; **F4** : **-ill-** au lieu de **-illi-**.

appuie-...... • B1 :
  un   appuie-livre
  des appuie-livres
  un   appuie-main
  des appuie-mains
  un   appuie-tête
  des appuie-têtes, etc.

après-...... • B1 :
  un ou une après-midi
  des après-midis
  un   après-rasage
  des après-rasages
  un   après-ski
  des après-skis
  un   après-soleil
  des après-soleils
  un   après-vente
  des après-ventes, etc.

à priori • C4

apriori (nom) • A4, B2 :
  des aprioris

aquavit • G20

arabodollar • A3

On met un trait d'union marquant la coordination dans des mots comme arabo-musulman/ane. (Détails à la page 171.)

arac • G10

arborétum • C4, B2 :
  des arborétums

arcboutant
arcbouter • A5

arcdoubleau • A5

archi...... • A3 :
  archifacile
  archiheureux/euse
  archiimportant/ante
  etc.

aréner • C1 :
  j'arènerai

areu • A4, G2

argilo...... • A3 :
  argiloarénacé/ée
  argilocalcaire
  argilocalcite, etc.

argüer • C3 :
  j'argüe
  ils argüent
  nous argüons
  j'argüerai
  j'argüais
  vous argüiez, etc.

arioso • B2 :
  des ariosos

RECOMMANDATIONS – G1 à G20 : il existait au moins deux variantes, il faut choisir la forme la plus simple ou la plus française (**G1** : choisir sans accent ; **G2** : choisir sans **h** ; **G3 à G16** : choisir cette forme plus française ; **G17** : choisir avec la consonne simple ; **G18** : choisir singulier et pluriel réguliers ; **G19** : choisir la soudure ; **G20** : choisir cette forme) ; **G21** : **-eur** au lieu de **-er** ; **G22 à G24** : forme recommandée.   **RÈGLES** : **p. 170.**

a̱riser • G17
a̱robas ou
a̱robase • G17
(selon la prononciation)
a̱robe • G17
aro̱le • D3
arpéger • C1 :
j'arpègerai
arrache-...... • B1 :
un arrache-clo̱u
des arrache-clo̱us
un arrache-crampo̱n
des arrache-crampo̱ns
un arrache-racine̱
des arrache-racine̱s
etc.
arrachepied (d') • A5
arrête-...... • B1 :
un arrête-bœ̱uf
des arrête-bœ̱ufs
un arrête-flamme̱
des arrête-flamme̱s
un arrête-maille̱
des arrête-maille̱s
etc.
arrière-go̱ut • C2
arriérer • C1 :
j'arrièrerai

arrose-mo̱ut • C2, B1 :
des arrose-mo̱uts
artéfact • C4
a̱ruspice • G2
ashkénaze̱ • B2 :
des ashkénaze̱s
aspidistra • B2 :
des aspidistra̱s
aspiro-...... • A3 :
a̱spirobatteur
assafétida • A4, G22,
B2 : des assafétida̱s
assèchement • C1
assécher • C1 :
j'assècherai
asséner • F3, C1 :
j'assènerai
assidument • C2
assiéger • C1 :
j'assiègerai
asso̱ir • F2
asti̱ (vin) • B2 :
des asti̱s
astraçan • G10
atémi̱ • C4, B2 :
des atémi̱s

RECTIFICATIONS – **A1**, **A2**, **A3** : soudure (avec le préfixe) ; **A4** : soudure (mot étranger ou onomatopée) ; **A5** : soudure ; **A6** : trait d'union ; **B1**, **B2** : singulier et pluriel réguliers ; **C1** : è et non é ; **C2** : sans accent circonflexe sur **i** ou **u** ; **C3** : tréma sur **u** ; **C4** : accent pour francisation ; **D1** : **-èle** et non **-elle**, ou **-ète** et non **-ette** ; **D2**, **D3** : consonne simple ; **F1**, **F2** : anomalie rectifiée ; **F3** : accent ajouté ; **F4** : **-ill-** au lieu de **-illi-**.

à tempéra • C4

atoll • B2 :
des atolls

atrio...... • A3 :
atrioventriculaire

atrium • B2 :
des atriums

attache-...... • B1 :
un attache-queue
des attache-queues
un attache-ski
des attache-skis

atteler • D1 :
j'attèle
j'attèlerai

attrape-...... • B1 :
un attrape-nigaud
des attrape-nigauds
un attrape-mouche
des attrape-mouches
un attrape-pluie
des attrape-pluies, etc.

attrapetout • A5

auburn • B2 :
des cheveux auburns

audimutité • A3

audio (adjectif) • G18 :
des systèmes audios

audio...... (préfixe) • A3 :
audioguide
audionumérique
audiooral/ale
audiovidéo
audiovisuel/elle, etc.

auditorium • B2 :
des auditoriums

aulofée • G17

auriculo...... • A3 :
auriculocardiaque
auriculoorbitaire, etc.

auroch • B2 :
des aurochs

auto...... • A3 :
autoaccusation
autoadhésif/ive
autoalarme
autoallumage
autoamorçage
autoapprentissage
autocorrection
autocueillette
autoévaluation
autogérer (s') (+C1 :
je m'autogèrerai)

RECOMMANDATIONS – G1 à G20 : il existait au moins deux variantes, il faut choisir la forme la plus simple ou la plus française (**G1** : choisir sans accent ; **G2** : choisir sans **h** ; **G3 à G16** : choisir cette forme plus française ; **G17** : choisir avec la consonne simple ; **G18** : choisir singulier et pluriel réguliers ; **G19** : choisir la soudure ; **G20** : choisir cette forme) ; **G21** : **-eur** au lieu de **-er** ; **G22 à G24** : forme recommandée.   **RÈGLES** : p. 170.

Nouvelle orthographe : la liste simplifiée

<u>auto</u>orientable
<u>auto</u>propulsé/ée
<u>auto</u>règlementation (+C1)
<u>auto</u>renouvèlement (+D1)
<u>auto</u>vaccin, etc.

> Pour éviter o + i, on met le trait d'union :
> auto-immunitaire
> auto-imposition
> auto-inscription
> auto-ironie.

Quel type d'auto ?

Peu importe le sens de l'élément auto, on le soude. Une partie des mots avec auto… sont construits avec le préfixe ayant le sens de soi-même. C'est le cas des exemples ci-dessus (règle A3). Les exemples qui suivent sont plutôt construits avec l'abréviation du nom automobile, mais on les trouve eux aussi soudés dans des dictionnaires. La règle G19 s'applique alors.

---

auto…… • G19 :
<u>auto</u>caravane
<u>auto</u>couchette (+G18)
<u>auto</u>école
<u>auto</u>neige
<u>auto</u>stop
<u>auto</u>stoppeur/euse, etc.

avale<u>tout</u> • A5

avance-…… • B1 :
un avance-band<u>e</u>
des avance-band<u>es</u>
un avance-papie<u>r</u>
des avance-papie<u>rs</u>
etc.

avant-gou<u>t</u> • C2

avant-guerr<u>e</u> • B1 :
des avant-guerr<u>es</u>

avant-midi • B1 :
des avant-midi<u>s</u>

avérer (s') • C1 :
il s'av<u>è</u>rera

avis<u>o</u> • B2 :
des avis<u>os</u>

av<u>on</u>culaire
av<u>on</u>culat • G3

axo…… • A3 :
<u>axo</u>axonique
<u>axo</u>somatique, etc.

RECTIFICATIONS – A1, **A2**, **A3** : soudure (avec le préfixe) ; **A4** : soudure (mot étranger ou onomatopée) ; **A5** : soudure ; **A6** : trait d'union ; **B1**, **B2** : singulier et pluriel réguliers ; **C1** : è et non é ; **C2** : sans accent circonflexe sur i ou u ; **C3** : tréma sur u ; **C4** : accent pour francisation ; **D1** : -èle et non -elle, ou -ète et non -ette ; **D2**, **D3** : consonne simple ; **F1**, **F2** : anomalie rectifiée ; **F3** : accent ajouté ; **F4** : -ill- au lieu de -illi-.

ayurvéda • A4, C4, B2 :
des ayurvédas
azuléjo • C4

◇

> **Accent grave :
> évé… ou évènement ?**
>
> Ce mot a deux façons de
> s'écrire, mais on doit
> toujours le prononcer
> évènement (comme on
> prononce avènement).
> L'ancienne forme avec
> accent aigu est à éviter,
> car elle est trompeuse
> et provoque des erreurs
> de prononciation.
> L'accent grave est donc
> recommandé, puisqu'il est
> plus conforme avant une
> syllabe contenant « e ».
> Il en est de même pour
> crèmerie, sècheresse,
> règlementer, etc.

B

baba • G18 :
des spectateurs babas
baby • B2 : des babys
babyboum • A4, G9
babyboumeur/euse
• A4, G9, G21
(anglicismes : préférer un
terme plus français)
babysitteur/euse • A4,
G21 (anglicisme :
préférer gardien ou
gardienne d'enfants)
babysitting • A4
(anglicisme : préférer un
terme plus français)
bacante (moustache)
• G10, G17
bachibouzouk • A4
bachole • D3
baeckeofe • G17
bagad (formation
musicale) • B2 :
des bagads
baisemain • G19
baisoter • D3

RECOMMANDATIONS – **G1** à **G20** : il existait au moins deux variantes, il faut choisir la forme la plus simple ou la plus française (**G1** : choisir sans accent ; **G2** : choisir sans h ; **G3** à **G16** : choisir cette forme plus française ; **G17** : choisir avec la consonne simple ; **G18** : choisir singulier et pluriel réguliers ; **G19** : choisir la soudure ; **G20** : choisir cette forme) ; **G21** : **-eur** au lieu de **-er** ; **G22** à **G24** : forme recommandée. **RÈGLES** : p. 170.

bakchich • B2 :
des bakchichs

baklava • B2 :
des baklavas

balalaïka • B2 :
des balalaïkas

balano...... • A3 :
balanoposthite, etc.

bale (enveloppe des graines de céréale) • G17

ballotage
ballotement
balloter
ballotine • D3

balltrap • A4
(anglicisme : préférer un terme plus français)

balouba • G9

bamoum • G9

bandana • B2 :
des bandanas

bandérilléro • C4

banqueter • D1 :
je banquète
je banquèterai

bantou, bantoue • G9

barbote • G17

barcarole • D3

baréter • C1 :
je barèterai

barman • B2 :
des barmans

barmitsva • A4, G2, B2 :
des barmitsvas

baroco...... • A3 :
barocoromantique

baro...... • A3 :
barootite
barorécepteur
baroréflexe
barorelai (+F2)
barorythmeur, etc.

barquerole • D3

barzoï • B2 :
des barzoïs

baseball • A4

basfond • A5

basketball • A4

bassecontre
bassecontriste • A5

bassecour
bassecourier/ère • A5

RECTIFICATIONS – **A1**, **A2**, **A3** : soudure (avec le préfixe) ; **A4** : soudure (mot étranger ou onomatopée) ; **A5** : soudure ; **A6** : trait d'union ; **B1**, **B2** : singulier et pluriel réguliers ; **C1** : è et non é ; **C2** : sans accent circonflexe sur **i** ou **u** ; **C3** : tréma sur **u** ; **C4** : accent pour francisation ; **D1** : -**èle** et non -**elle**, ou -**ète** et non -**ette** ; **D2**, **D3** : consonne simple ; **F1**, **F2** : anomalie rectifiée ; **F3** : accent ajouté ; **F4** : -ill- au lieu de -illi-.

> **Doit-on souder bas...?**
> **Doit-on souder basse...?**
>
> Ce ne sont pas tous les mots avec bas et basse qui ont été soudés. Par exemple, bas-relief n'est pas changé. Tous les mots soudés sont donnés dans ce livre.

bassedanse • A5

bassefosse • A5

basselice
basselicier/ère
basselisse
basselissier/ère • A5

bassetaille • A5

> **Qu'arrive-t-il au pluriel ?**
>
> Avec la soudure, le pluriel devient régulier. La marque du pluriel apparait uniquement à la fin du mot. Exemples :
> des bassecours
> des bassefosses
> des bassetailles.

bateler • D1 :
je batèle
je batèlerai

bat-...... • B1 :
un bat-flanc
des bat-flancs

bazooka • B2 :
des bazookas

becfin (oiseau) • G19

bêcheveter • D1 :
je bêchevète
je bêchevèterai

becqueter • D1 :
je becquète
je becquèterai
(voir aussi bèqueter)

bégu, bégüe • C3

béhaviorisme ou
béhaviourisme • C4
(deux prononciations)

béhavioriste ou
béhaviouriste • C4
(deux prononciations)

belcantiste • A4

belcanto • A4, B2 :
des belcantos

bélitre • F3, C2

RECOMMANDATIONS – G1 à G20 : il existait au moins deux variantes, il faut choisir la forme la plus simple ou la plus française (**G1** : choisir sans accent ; **G2** : choisir sans **h** ; **G3 à G16** : choisir cette forme plus française ; **G17** : choisir avec la consonne simple ; **G18** : choisir singulier et pluriel réguliers ; **G19** : choisir la soudure ; **G20** : choisir cette forme) ; **G21** : **-eur** au lieu de **-er** ; **G22 à G24** : forme recommandée.   **RÈGLES : p. 170.**

belo_t_er • D3
bé_l_ou_g_a • C4, G9
benoit/te (bon, doux)
benoite (plante)
benoitement • C2
béquer • C1 :
 je bèquerai
bèqueter • C1, D1 :
 C1 : je bèquetais
   nous bèquetons
   vous bèquetiez
   bèquetant
   bèqueté ;
 D1 : je béqu**è**te
   je béqu**è**terai
 (voir aussi becqueter)
bernard-l'_e_rmite • G2
besaig_ü_e • C3
bésicles (lunettes) • F3
bes_t_seller • A4
 (anglicisme : préférer un
 terme plus français)
bê_t_a (lettre grecque)
 • B2 : des bêta_s_
bêtabloquant/ante
bêtacarotène
bêtatest • G19

bêtatesteur/euse
 • G19
bi...... • A3 :
 biathlon
 bihebdomadaire
 bimensuel/elle
 bimoteur, etc.
bien...... • A5 ou G19 :
 bienaimé/ée
 bienêtre
 bienfaire
 bienfondé
 bienfonds
 bienjugé (nom masc.)
 bienpensant/ante
 bienvoulu/ue
 etc.
biftèque • G11
bigbang • A4, B2 :
 des bigban_g_s
bignole • D3
bigouden (masculin)
bigoudène (féminin)
 • G20
bijoutier-joailler
bijoutière-joaillère
 • F4

RECTIFICATIONS – **A1**, **A2**, **A3** : soudure (avec le préfixe) ; **A4** : soudure (mot étranger ou onomatopée) ; **A5** : soudure ; **A6** : trait d'union ; **B1**, **B2** : singulier et pluriel réguliers ; **C1** : è et non é ; **C2** : sans accent circonflexe sur **i** ou **u** ; **C3** : tréma sur **u** ; **C4** : accent pour francisation ; **D1** : **-èle** et non **-elle**, ou **-ète** et non **-ette** ; **D2**, **D3** : consonne simple ; **F1**, **F2** : anomalie rectifiée ; **F3** : accent ajouté ; **F4** : **-ill-** au lieu de **-illi-**.

billion • A6 :
un-billion
un-billion-six-mille
quatre-billions
sept-billions-trente
cent-billions d'euros
huit-cent-billions, etc.

bio (adjectif) • G18 :
des produits bios

bio...... (préfixe) • A3 :
bioalimentaire
biobibliographie
bioéthique, etc.

> Pour éviter o + i, on met le trait d'union :
> bio-industrie
> bio-informatique.

biocénose • G7

biodiésel • C4

bipbip • A4 (on dit aussi simplement bip)

biqueter • D1 :
je biquète
je biquèterai

birotor • B2 :
des birotors

bisaigüe • C3

bizut, bizute • G2, F1

blabla, blablabla
blablater • A4

blackout • A4, B2 :
des blackouts
(anglicisme dans certains sens)

blasphémer • C1 :
je blasphèmerai

blatérer • C1 :
je blatèrerai

blédard • C4

bléphar...... • A3 :
blépharopigmentation
blépharoshampoing (+ G20)

bléser • C1 :
je blèserai

blini • B2 :
des blinis

bluejean • A4, B2 :
des bluejeans

bochiman/ane • G13

bodhisattva • B2 :
des bodhisattvas

body • B2 : des bodys
(anglicisme : préférer un terme tel que maillot de gymnastique, justaucorps)

RECOMMANDATIONS – G1 à G20 : il existait au moins deux variantes, il faut choisir la forme la plus simple ou la plus française (**G1** : choisir sans accent ; **G2** : choisir sans **h** ; **G3 à G16** : choisir cette forme plus française ; **G17** : choisir avec la consonne simple ; **G18** : choisir singulier et pluriel réguliers ; **G19** : choisir la soudure ; **G20** : choisir cette forme) ; **G21** : **-eur** au lieu de **-er** ; **G22 à G24** : forme recommandée. **RÈGLES : p. 170.**

b**o**gie (charriot) • G17
b**o**gue (défaut) • G20
b**o**guet (cabriolet) • G20
b**o**guey (au golf) • G20
b**oi**te
b**oi**tier • C2
bolch**é**v**i**que • C4, G11
ou **bolchevique** • G11
(selon la prononciation)
bolch**é**viser • C4 (on
dit aussi bolcheviser)
bolch**é**visme • C4 (on
dit aussi bolchevisme)
bolch**é**viste • C4 (on
dit aussi bolcheviste)
bole (nom féminin)
bol**é**/ée • D3
boliviano • B2 :
des boliviano**s**
bo**n**ard/arde • G17
bonho**mm**ie • F1
bo**n**iche • G17
bo**n**ichon • G17
bo**n**ir • G17
bonneter • D1 :
je bonn**è**te
je bonn**è**terai

bonn**è**terie • F3 (on
dit aussi bonneterie)
bookmak**eur**/euse
• G21 (anglicisme :
préférer un terme tel
que preneur de paris)
bo**r**aginacée • G17
bor**tch** • G13, G20, B2 :
des bort**chs**
bos**c**op • G10, G20
bos**s** • B2 : des bos**s**
(anglicisme : préférer
patron ou patronne)
b**o**ssan**o**va • A4, B2 :
des bossanova**s**
boss**è**l**e**ment • D1
bosseler • D1 :
je boss**è**le
je boss**è**lerai
botteler • D1 :
je bott**è**le
je bott**è**lerai
bouche-...... • B1 :
un bouche-bouteille
des bouche-bouteille**s**
un bouche-por**e**
des bouche-pore**s**

RECTIFICATIONS – **A1**, **A2**, **A3** : soudure (avec le préfixe) ; **A4** : soudure (mot étranger ou onomatopée) ; **A5** : soudure ; **A6** : trait d'union ; **B1**, **B2** : singulier et pluriel réguliers ; **C1** : **è** et non **é** ; **C2** : sans accent circonflexe sur **i** ou **u** ; **C3** : tréma sur **u** ; **C4** : accent pour francisation ; **D1** : **-èle** et non **-elle**, ou **-ète** et non **-ette** ; **D2**, **D3** : consonne simple ; **F1**, **F2** : anomalie rectifiée ; **F3** : accent ajouté ; **F4** : **-ill-** au lieu de **-illi-**.

bouette (appât) • G20
(on dit aussi boitte)

bouiboui • A4

bouillotement
bouilloter • D3

boulgour • G2

bouloter • D3

boum • G9

boumeur/euse
• G9, G21

bouracan • G17

bourrèlement • D1

bourreler • D1 :
je bourrèle
je bourrèlerai

bourre-...... • B1 :
un   bourre-pâte
des bourre-pâtes
un   bourre-pipe
des bourre-pipes

boursoufflage
boursoufflé/ée
boursoufflement
boursouffler
boursoufflure • F1

bout-de-gite • C2

boutéfas • C4 (on
dit aussi boutefas)

boutehors • A5 (on
dit aussi bout-dehors)

boutentrain • A5, G22

bouterole • D3

boutesselle • A5

boutiller (officier) • F4
(on dit aussi bouteiller)

bouveter • D1 :
je bouvète
je bouvèterai

bouzouki • G9

box • B2 : des box

boyscout
boyscoutisme • A4

brachio...... • A3 :
brachiocéphalique
brachioradial/ale

braintrust • A4
(anglicisme : préférer
le terme état-major)

branlebas • A5

braséro • C4

brasse-...... • B1 :
un   brasse-camarade
des brasse-camarades

RECOMMANDATIONS – **G1** à **G20** : il existait au moins deux variantes, il faut choisir la forme la plus simple ou la plus française (**G1** : choisir sans accent ; **G2** : choisir sans **h** ; **G3** à **G16** : choisir cette forme plus française ; **G17** : choisir avec la consonne simple ; **G18** : choisir singulier et pluriel réguliers ; **G19** : choisir la soudure ; **G20** : choisir cette forme) ; **G21** : **-eur** au lieu de **-er** ; **G22** à **G24** : forme recommandée. **RÈGLES** : **p. 170.**

bravo • B2 :
des brav<u>o</u>s
brèche-den<u>t</u> • B1 :
des brèche-den<u>ts</u>
bréler • C1 :
je br<u>è</u>lerai
bretteler • D1 :
je brett<u>è</u>le
je brett<u>è</u>lerai
breveter • D1 :
je brev<u>è</u>te
je brev<u>è</u>terai
bringe<u>ü</u>re (rare) • C3
briqueter • D1 :
je briqu<u>è</u>te
je briqu<u>è</u>terai
briqu<u>è</u>terie • F3 (on dit aussi briqueterie)
brise-...... • B1 :
un brise-béto<u>n</u>
des brise-béto<u>ns</u>
un brise-bis<u>e</u>
des brise-bis<u>es</u>
un brise-copea<u>u</u>
des brise-copea<u>ux</u>
un/une brise-fe<u>r</u>
des brise-fe<u>rs</u>

un brise-glac<u>e</u>
des brise-glac<u>es</u>
un brise-jet
des brise-jet<u>s</u>
un brise-lam<u>e</u>
des brise-lam<u>es</u>
un brise-mott<u>e</u>
des brise-mott<u>es</u>, etc.
brise<u>tout</u> • A5
brocheter • D1 :
je broch<u>è</u>te
je broch<u>è</u>terai
<u>broco</u>fleur • A3, G20
bronchiolo...... • A3 :
<u>bronchiolo</u>alvéolaire
<u>bronchiolo</u>alvéolite
broncho...... • A3 :
<u>broncho</u>adénite
<u>broncho</u>dilatateur/trice
<u>broncho</u>œsophagoscope
<u>broncho</u>pneumonie
<u>broncho</u>vasculaire, etc.
br<u>u</u>lage
br<u>u</u>lant/ante
br<u>u</u>lé/ée • C2
br<u>u</u>le-...... • C2, B1 :
un brule-bou<u>t</u>
des brule-bou<u>ts</u>

RECTIFICATIONS – **A1**, **A2**, **A3** : soudure (avec le préfixe) ; **A4** : soudure (mot étranger ou onomatopée) ; **A5** : soudure ; **A6** : trait d'union ; **B1**, **B2** : singulier et pluriel réguliers ; **C1** : **è** et non **é** ; **C2** : sans accent circonflexe sur **i** ou **u** ; **C3** : tréma sur **u** ; **C4** : accent pour francisation ; **D1** : **-èle** et non **-elle**, ou **-ète** et non **-ette** ; **D2**, **D3** : consonne simple ; **F1**, **F2** : anomalie rectifiée ; **F3** : accent ajouté ; **F4** : **-ill-** au lieu de **-illi-**.

un brule-corne
des brule-cornes
un brule-gueule
des brule-gueules
un brule-parfum
des brule-parfums, etc.

brulement
brule-pourpoint (à)
bruler
brulerie
bruletout (+A5)
bruleur/euse
brulis
bruloir
brulot
brulure • C2

bucco...... • A3 :
 buccodentaire
 buccolingual/ale
 bucconasal/ale, etc.

buchage
buche
buché
buchement
bucher
bucherage
bucheron/onne
bucheronnage
bucheronner

buchette
bucheur/euse
bucheux/euse • C2
bucrane • G1
buddléia • C4
buffeter • D1 :
 je buffète
 je buffèterai
bufflèterie • F3 (on
 dit aussi buffleterie)
buggy (boguet, véhicule)
 • B2 : des buggys
bulbe (mot marin) • G20
bulbo...... • A3 :
 bulbocaverneux/euse
bulldog (gros chien de
 race anglaise) • A4
 (ne pas confondre avec
 bouledogue : petit chien
 de race française)
bullterrier • A4
buter (assassiner) • G17
byebye • A4, B2 :
 des byebyes

RECOMMANDATIONS – G1 à G20 : il existait au moins deux variantes, il faut choisir la forme la plus simple ou la plus française (**G1** : choisir sans accent ; **G2** : choisir sans h ; **G3 à G16** : choisir cette forme plus française ; **G17** : choisir avec la consonne simple ; **G18** : choisir singulier et pluriel réguliers ; **G19** : choisir la soudure ; **G20** : choisir cette forme) ; **G21** : **-eur** au lieu de **-er** ; **G22 à G24** : forme recommandée. **RÈGLES** : p. 170.

C

ca<u>b</u>ale
ca<u>b</u>aliste
ca<u>b</u>alistique • G10, G17
câblo...... • A3 :
  câblomodem
  câbloopérateur, etc.
caca<u>hou</u>ète • G9
ca<u>ç</u>a<u>oui</u> • G10, G9, B2 :
  des cacaou<u>is</u>
ca<u>ç</u>atoès • G10
cache-...... • B1 :
  un cache-cœ<u>u</u>r
  des cache-cœurs
  un cache-col
  des cache-col<u>s</u>
  un cache-misè<u>r</u>e
  des cache-misè<u>r</u>es
  un cache-œil
  des cache-œi<u>ls</u>
  un cache-oreille
  des cache-oreille<u>s</u>
  un cache-pot
  des cache-pot<u>s</u>, etc.
<u>cachec</u>ache • A4

cache<u>m</u>i<u>r</u>e • G13, G20
<u>cach</u>er (masculin) ou
<u>cach</u>è<u>r</u>e (masculin) et
<u>cach</u>è<u>r</u>e (féminin)
  • G10, G13, G20, B2 :
  au masculin, on écrit
    des produits cacher<u>s</u> ou
    des produits cachères
  au féminin, on écrit
    des viandes cachères
cacheter • D1 :
  je cach<u>è</u>te
  je cach<u>è</u>terai
cacho<u>t</u>er
cacho<u>t</u>erie
cacho<u>t</u>ier/ère • D3
caddi<u>e</u> (au golf) • G20,
  B2 : des caddi<u>es</u>
<u>ç</u>adi (magistrat) • G10
caf<u>é</u>t<u>é</u>ria • C4, B2 :
  des cafétéria<u>s</u>
<u>c</u>agne
<u>c</u>agneux/euse • G10, G1
<u>c</u>agou • G10
cahi<u>n</u>caha • A4
cahu<u>tt</u>e • F1

RECTIFICATIONS — **A1**, **A2**, **A3** : soudure (avec le préfixe) ; **A4** : soudure (mot étranger ou onomatopée) ; **A5** : soudure ; **A6** : trait d'union ; **B1**, **B2** : singulier et pluriel réguliers ; **C1** : è et non é ; **C2** : sans accent circonflexe sur i ou u ; **C3** : tréma sur u ; **C4** : accent pour francisation ; **D1** : -èle et non -elle, ou -ète et non -ette ; **D2**, **D3** : consonne simple ; **F1**, **F2** : anomalie rectifiée ; **F3** : accent ajouté ; **F4** : -ill- au lieu de -illi-.

caille-lait • B1 :
  des caille-laits
cailleter • D1 :
  je caillète
  je cailleterai
caldarium • B2 :
  des caldariums
caldéra • C4
  (on dit aussi caldeira)
cale-...... • B1 :
  un cale-dent
  des cale-dents
  un cale-main
  des cale-mains
  un cale-pied
  des cale-pieds
  un cale-porte
  des cale-portes
  un cale-pot
  des cale-pots, etc.
caléidoscope
caléidoscopique • G10
califal/ale
califat
calife • G10
callgirl • A4
  (anglicisme : préférer un
  terme plus français)

calo • G1
calorico...... • A3 :
  caloricoazoté/ée
caméraman • C4, B2 :
  des caméramans
  (anglicisme : préférer
  le terme cadreur)
canada (pomme) • B2 :
  des canadas
canaque • G10, G11
candéla • C4
canetage
canetière
canette (bobine ou
  petite bouteille) • G17
canneler • D1 :
  je cannèle
  je cannèlerai
cannelier (arbre) • D2
cannelloni • B2 :
  des cannellonis
canoé • G20
canoé-kayak • G20,
  B2 : des canoés-kayaks
canyon • G20
canzone • B2 :
  des canzones

RECOMMANDATIONS – G1 à G20 : il existait au moins deux variantes, il faut choisir la forme la plus simple ou la plus française (**G1** : choisir sans accent ; **G2** : choisir sans **h** ; **G3 à G16** : choisir cette forme plus française ; **G17** : choisir avec la consonne simple ; **G18** : choisir singulier et pluriel réguliers ; **G19** : choisir la soudure ; **G20** : choisir cette forme) ; **G21** : **-eur** au lieu de **-er** ; **G22 à G24** : forme recommandée.   **RÈGLES** : p. 170.

caoua̲n̲e • G17
capeler • D1 :
 je cape̲l̲e
 je cape̲l̲erai
capell̲i̲ d'angelo • B2 :
 des capell̲is̲ d'angelo
cappelleti̲ • B2 :
 des cappelleti̲s̲
capriccio̲ • B2 :
 des capriccio̲s̲
capro̲n̲ier • G17
capte-...... • B1 :
 un capte-sui̲e̲
 des capte-sui̲es̲
caqueter • D1 :
 je caqu**è**te
 je caqu**è**terai
c̲aracul • G10
c̲arat (mesure) • G10
carbo̲n̲ade • G17
carbonaro̲ • B2 :
 des carbonaro̲s̲
cardio...... • A3 :
 cardio̲pulmonaire
 cardio̲respiratoire
 cardio̲vasculaire, etc.

caréner • C1 :
 je car**è**nerai
cari̲ • G17, G20
cari̲atide • G20
carneter • D1 :
 je carn**è**te
 je carn**è̲**t̲erai
c̲arpatique • G10
carreler • D1 :
 je carr**è**le
 je carr**è̲**lerai
casse-...... • B1 :
 un/une casse-co̲u̲
 des casse-co̲us̲
 un casse-croute (+C2)
 des casse-croute̲s̲
 un casse-dall**e**
 des casse-dalle̲s̲
 un casse-grain̲e̲
 des casse-graine̲s̲
 un/une casse-gueul**e**
 des casse-gueule̲s̲
 un casse-noisett**e**
 des casse-noisette̲s̲
 un/une casse-pie̲d̲
 des casse-pied̲s̲
 un casse-pip̲e̲
 des casse-pipe̲s̲

RECTIFICATIONS – **A1**, **A2**, **A3** : soudure (avec le préfixe) ; **A4** : soudure (mot étranger ou onomatopée) ; **A5** : soudure ; **A6** : trait d'union ; **B1**, **B2** : singulier et pluriel réguliers ; **C1** : è et non é ; **C2** : sans accent circonflexe sur **i** ou **u** ; **C3** : tréma sur **u** ; **C4** : accent pour francisation ; **D1** : -èle et non -elle, ou -ète et non -ette ; **D2**, **D3** : consonne simple ; **F1**, **F2** : anomalie rectifiée ; **F3** : accent ajouté ; **F4** : -ill- au lieu de -illi-.

un casse-tête
des casse-têtes, etc.
cassetout • A5
cata_r_hinien • G17
cat_t_leya • G17
céder • C1 :
je cèderai
cédex • G22
cèdrela • C1 ou C4
célébrer • C1 :
je célèbrerai
cèleri
cèleri-rave • C1
céliadelphe
célialgie
céliaque
célio
céliochirurgie
céliomyosite
célioscope
célioscopie
céliotomie • G7
cell_a_ • B2 : des cell_as_
celluloponcture • A3, G3
cénesthésie • G7

cent • A6 :
cent-un
cent-unième
cent-trente-deux
trois-cents
trois-cent-un
cinq-cent-mille
cinq-cent-millions, etc.

> Accorde-t-on cent(s) ?
> La règle d'accord de cent n'est pas changée. Il prend un s s'il est multiplié et qu'il termine le nombre. La présence des traits d'union permet de mieux voir si cent termine le nombre ou non :
> trois-cen**ts** amis mais trois-cen**t**-huit amis.
> Voir d'autres exemples ci-dessus (dans cinq-cen**t**-millions, le mot cent ne termine pas le nombre).
> S'il sert à indiquer le rang, cent reste invariable :
> la page trois-cen**t**.

RECOMMANDATIONS – G1 à G20 : il existait au moins deux variantes, il faut choisir la forme la plus simple ou la plus française (**G1** : choisir sans accent ; **G2** : choisir sans **h** ; **G3 à G16** : choisir cette forme plus française ; **G17** : choisir avec la consonne simple ; **G18** : choisir singulier et pluriel réguliers ; **G19** : choisir la soudure ; **G20** : choisir cette forme) ; **G21** : **-eur** au lieu de **-er** ; **G22 à G24** : forme recommandée. **RÈGLES** : p. 170.

centième • A6 :
  le trois-centième (300ᵉ)
  sept trois-centièmes
  (7/300), etc.

cénure • G7

céphalo...... • A3 :
  céphalopharyngien/enne
  céphalorachidien/enne

cérato...... • A3 :
  cératoglosse
  cératopharyngien/enne

cérébro...... • A3 :
  cérébrospinal/ale
  cérébrovasculaire

cérite • G2

cervico...... • A3 :
  cervicobrachial/ale
  cervicobrachialgie, etc.
  Pour éviter o + i, on met
  le trait d'union :
  cervico-intercostal/ale.

césium • G5

cétérac • G10

céto...... • A3 :
  cétoacidose
  cétoénolique

chabraque • G13

chachacha • A4

chacone • G17

chafiisme

chafiite • G13, G20

chah (souverain) • G13

chainage

chaine

chainer

chainetier/ère

chainette

chaineur/euse

chainier/ère

chainiste

chainon • C2

chalenge • G17

chalengeur/euse
  • G17, G21
  (anglicismes : préférer un
  terme plus français)

chamane • G13, G20

chamanique

chamanisme

chamaniste

chamanistique • G13

chamérops • G5

RECTIFICATIONS – **A1**, **A2**, **A3** : soudure (avec le préfixe) ; **A4** : soudure (mot étranger ou onomatopée) ; **A5** : soudure ; **A6** : trait d'union ; **B1**, **B2** : singulier et pluriel réguliers ; **C1** : è et non é ; **C2** : sans accent circonflexe sur i ou u ; **C3** : tréma sur u ; **C4** : accent pour francisation ; **D1** : -èle et non -elle, ou -ète et non -ette ; **D2**, **D3** : consonne simple ; **F1**, **F2** : anomalie rectifiée ; **F3** : accent ajouté ; **F4** : -ill- au lieu de -illi-.

chanc<u>è</u>l<u>e</u>ment • D1

chanceler • D1 :
 je chanc<u>è</u>le
 je chanc<u>è</u>lerai

chantigno<u>l</u>e • D3

chant<u>ou</u>ng • G13, G9

chapeler • D1 :
 je chap<u>è</u>le
 je chap<u>è</u>lerai

<u>c</u>hapska • G13

<u>c</u>haria • G13, G20

cha<u>rr</u>iot
cha<u>rr</u>iotage
cha<u>rr</u>iotée
cha<u>rr</u>ioter • F1

chasse-...... • B1 :
 un chasse-clo<u>u</u>
 des chasse-clou<u>s</u>
 un chasse-fusé<u>e</u>
 des chasse-fusée<u>s</u>
 un chasse-maré<u>e</u>
 des chasse-marée<u>s</u>
 un chasse-mouch<u>e</u>
 des chasse-mouche<u>s</u>
 un chasse-neig<u>e</u>
 des chasse-neige<u>s</u>
 un chasse-pierre
 des chasse-pierre<u>s</u>, etc.

chauffe-...... • B1 :
 un chauffe-assiett<u>e</u>
 des chauffe-assiette<u>s</u>
 un chauffe-bibero<u>n</u>
 des chauffe-biberon<u>s</u>
 un chauffe-ea<u>u</u>
 des chauffe-eau<u>x</u>
 un chauffe-li<u>t</u>
 des chauffe-lit<u>s</u>
 un chauffe-pla<u>t</u>
 des chauffe-plat<u>s</u>, etc.

chausse<u>p</u>ied • A5

chausse<u>tr</u>appe • A5, F1

chauve<u>s</u>ouris • A5

ch<u>é</u>bec (navire) • C4, G10

ch<u>é</u>chia • C4

<u>checkup</u> • A4, B2 :
 des checkup<u>s</u>
 (anglicisme : préférer un terme tel que examen, bilan de santé...)

che<u>ik</u> • G13, G2

ch<u>é</u>iroptère • C4 (on dit aussi chiroptère)

<u>c</u>helem • G13

ch<u>é</u>mo...... • A3 :
 ch<u>é</u>morécepteur

RECOMMANDATIONS – G1 à G20 : il existait au moins deux variantes, il faut choisir la forme la plus simple ou la plus française (**G1** : choisir sans accent ; **G2** : choisir sans **h** ; **G3 à G16** : choisir cette forme plus française ; **G17** : choisir avec la consonne simple ; **G18** : choisir singulier et pluriel réguliers ; **G19** : choisir la soudure ; **G20** : choisir cette forme) ; **G21** : **-eur** au lieu de **-er** ; **G22 à G24** : forme recommandée. **RÈGLES : p. 170.**

chérer • C1 :
je chèrerai

cherry • B2 :
des cherr<u>y</u>s

cheval • des chevaux
(*inchangé : voir encadré
à la page 56*)

<u>cheviller</u>
<u>chevill</u>ère • F4

<u>chèvre</u>pied • A5

chevreter • D1 :
je chevrète
je chevrèterai

chianti (vin) • B2 :
des chiant<u>i</u>s

chibou<u>q</u>ue • G11

chi<u>c</u> • B2 :
des robes chi<u>c</u>s

chi<u>c</u>ha • G13

<u>chiche</u>kébab • G13, A4,
C4, B2 :
des chichekéba<u>b</u>s

<u>chiche</u>taouk • G13, A4,
B2 : des chichetaou<u>k</u>s

chic<u>o</u>te • G17

chi<u>i</u>sme • G20
<u>chii</u>te • G13, G20

chilom • G13

chimio...... • A3 :
<u>chimio</u>organotrophe

chiqueter • D1 :
je chiqu<u>è</u>te
je chiqu<u>è</u>terai

chist<u>é</u>ra • C4

chlamyd<u>i</u>a • B2 :
des chlamydi<u>a</u>s

<u>chl</u>asse (ivre) • G13,
G1, G20

<u>chl</u>inguer • G13

chloro...... • A3 :
<u>chloro</u>alcalin/ine

chn<u>o</u>que • G13, G11

chorio...... • A3 :
<u>chorio</u>épithéliome

choro...... • A3 :
<u>choro</u>épithéliome

choroïdo...... • A3 :
<u>choroïdo</u>cyclite
<u>choroïdo</u>rétinite

choui<u>a</u> • G1, G20

<u>chowchow</u> • A4, B2 :
des chowchow<u>s</u>

chronométrer • C1 :
je chronom<u>è</u>trerai

RECTIFICATIONS – **A1**, **A2**, **A3** : soudure (avec le préfixe) ; **A4** : soudure (mot étranger ou onomatopée) ; **A5** : soudure ; **A6** : trait d'union ; **B1**, **B2** : singulier et pluriel réguliers ; **C1** : è et non é ; **C2** : sans accent circonflexe sur **i** ou **u** ; **C3** : tréma sur **u** ; **C4** : accent pour francisation ; **D1** : **-èle** et non **-elle**, ou **-ète** et non **-ette** ; **D2**, **D3** : consonne simple ; **F1**, **F2** : anomalie rectifiée ; **F3** : accent ajouté ; **F4** : **-ill-** au lieu de **-illi-**.

chrysocole • D3
chrysolite • G2
cicérone • C4
ci-gît • C2
cigüe • C3
cimaise • G20
ciné...... • A3 :
 cinéclub
 cinéparc
 cinéroman, etc.
cingalais/aise • G2
cinq • A6 :
 cent-cinq
 cinq-cents
 cinq-mille-cinq
 cinq-millions-cinq, etc.
cinquante • A6 :
 cinquante-et-un
 cinquante-et-unième
 cent-cinquante-deux
 cinquante-mille
 cinquante-billions, etc.
cirre • G2
cirro...... • A3 :
 cirrocumulus
 cirrostratus

cisèlement • D1
ciseler • D1 :
 je cisèle
 je cisèlerai
clairevoie • A5
claqueter • D1 :
 je claquète
 je claquèterai
classico...... • A3 :
 classicoromantique
claveter • D1 :
 je clavète
 je clavèterai
clé • G20
clephte • G10
cleptomane
cleptomanie • G10
clergyman • B2 :
 des clergymans
clic • G10 (ne pas confondre avec une clique)
clino...... • A3 :
 clinorhombique
cliquètement • D1
cliqueter • D1 :
 je cliquète
 je cliquèterai

RECOMMANDATIONS – G1 à G20 : il existait au moins deux variantes, il faut choisir la forme la plus simple ou la plus française (**G1** : choisir sans accent ; **G2** : choisir sans h ; **G3 à G16** : choisir cette forme plus française ; **G17** : choisir avec la consonne simple ; **G18** : choisir singulier et pluriel réguliers ; **G19** : choisir la soudure ; **G20** : choisir cette forme) ; **G21** : -eur au lieu de -er ; **G22 à G24** : forme recommandée. **RÈGLES : p. 170.**

Nouvelle orthographe : la liste simplifiée

cliqu<u>o</u>tant/ante
cliqu<u>o</u>ter • D3
clo<u>chep</u>ied (à) • A5
clo<u>i</u>tre
clo<u>i</u>tré/ée
clo<u>i</u>trer • C2
clo<u>pinc</u>lopant • A5
co...... • A3 :
  <u>co</u>adaptation
  <u>co</u>administrateur/trice
  <u>co</u>chercheur/euse
  <u>co</u>direction
  <u>co</u>diriger
  <u>co</u>enzyme
  <u>co</u>fondateur/trice
  <u>co</u>gérer (+C1 :
    je cog<u>è</u>rerai)
  <u>co</u>gestion
  <u>co</u>locataire
  <u>co</u>occurence
  <u>co</u>propriété, etc.
  Pour éviter o + i, on met
  le trait d'union :
  co-idéateur/trice
  co-impératrice
  co-infection
  co-indicer (parfois on met
  le tréma : coïndicer).

coach • B2 : des coa<u>ch</u>s
  (mot parfois considéré
  comme un anglicisme)
coagul<u>u</u>m • B2 :
  des coagul<u>u</u>ms
<u>c</u>ob (antilope) • G10
coccoli<u>t</u>e
coccoli<u>t</u>ophore
coccoli<u>t</u>ophoridé • G2
cocc<u>u</u>s (bactérie) • B2 :
  des cocc<u>u</u>s
coco<u>t</u>er • D3
co<u>in</u>coin • A4
<u>c</u>ola
<u>c</u>olatier • G10
colba<u>c</u> • G10
colleter • D1 :
  je coll<u>è</u>te
  je coll<u>è</u>terai
colo<u>mb</u>idé
colo<u>mb</u>iforme
colo<u>mb</u>ite
colo<u>mb</u>ium • G4
colpo...... • A3 :
  <u>colp</u>ohystérectomie
  <u>colp</u>opérinéorraphie

RECTIFICATIONS – **A1**, **A2**, **A3** : soudure (avec le préfixe) ; **A4** : soudure (mot étranger ou onomatopée) ; **A5** : soudure ; **A6** : trait d'union ; **B1**, **B2** : singulier et pluriel réguliers ; **C1** : è et non é ; **C2** : sans accent circonflexe sur **i** ou **u** ; **C3** : tréma sur **u**, accent pour francisation ; **D1** : **-èle** et non **-elle**, ou **-ète** et non **-ette** ; **D2**, **D3** : consonne simple ; **F1**, **F2** : anomalie rectifiée ; **F3** : accent ajouté ; **F4** : **-ill-** au lieu de **-illi-**.

columbarium • B2 :
des columbari**um**s

colvert (canard) • G19

combattif/ive

combattivité • F1

commérer • C1 :
je comm**è**rerai

comparaitre • C2 :
il comparait
je comparaitrai

compéter • C1 :
je comp**è**terai

complaire • C2 :
elle complait

complètement (nom en psychologie) • C1

compléter • C1 :
je compl**è**terai

compte-...... • B1 :
un   compte-fil
des compte-fil**s**
un   compte-goutte
des compte-goutte**s**
un   compte-minute
des compte-minute**s**
un   compte-tour
des compte-tour**s**, etc.

conard/arde

conasse • G17

concéder • C1 :
je conc**è**derai

concélébrer • C1 :
je concél**è**brerai

concertina • B2 :
des concertina**s**

concetti • B2 :
des concetti**s**

concréter • C1 :
je concr**è**terai

condottière • C4, B2 :
des condottière**s**

confédérer • C1 :
je conféd**è**rerai

conférer • C1 :
je conf**è**rerai

confetti • B2 :
des confetti**s**

conglomérer • C1 :
je conglom**è**rerai

congrument • C2

conil • G17

connaitre • C2 :
il connait
je connaitrai

RECOMMANDATIONS – G1 à G20 : il existait au moins deux variantes, il faut choisir la forme la plus simple ou la plus française (**G1** : choisir sans accent ; **G2** : choisir sans **h** ; **G3 à G16** : choisir cette forme plus française ; **G17** : choisir avec la consonne simple ; **G18** : choisir singulier et pluriel réguliers ; **G19** : choisir la soudure ; **G20** : choisir cette forme) ; **G21** : **-eur** au lieu de **-er** ; **G22 à G24** : forme recommandée.   **RÈGLES** : **p. 170.**

conquistador • B2 :
des conquistado<u>r</u>s
considérer • C1 :
je consid<u>è</u>rerai
contigu, contigüe • C3
contigüité • C3
continument • C2
contr()a...... • A1 :
<u>contr</u>accusation
<u>contr</u>achat
<u>contr</u>affaire
<u>contr</u>agriculture
<u>contr</u>aiguille
<u>contr</u>alizé
<u>contr</u>allée
<u>contr</u>analyse
<u>contr</u>appel
<u>contr</u>attaque, etc.

contraponctique ou
contrapontique • G3
contrapontiste • G3

contre...... • A1 :
<u>contre</u>champ
<u>contre</u>chant
<u>contre</u>choc
<u>contre</u>clé (+G20)
<u>contre</u>cœur (à)
<u>contre</u>courant (à)
<u>contre</u>culture
<u>contre</u>do
<u>contre</u>fenêtre
<u>contre</u>filet
<u>contre</u>flèche
<u>contre</u>haut (en)
<u>contre</u>hermine
<u>contre</u>jour
<u>contre</u>maitre (+C2)
<u>contre</u>maitresse (+C2)
<u>contre</u>manifester
<u>contre</u>mesure
<u>contre</u>pente
<u>contre</u>performance
<u>contre</u>plaqué
<u>contre</u>plongée
<u>contre</u>proposition, etc.

> Qu'arrive-t-il au préfixe contre… devant voyelle ?
>
> Le e de contre disparait avant une voyelle comme a, é, e, i, o, u :
> contrattaquer
> contréclairage
> contrexemple
> contrindication
> controffre
> contrutopie.

RECTIFICATIONS – A1, **A2**, **A3** : soudure (avec le préfixe); **A4** : soudure (mot étranger ou onomatopée); **A5** : soudure; **A6** : trait d'union; **B1**, **B2** : singulier et pluriel réguliers; **C1** : è et non é; **C2** : sans accent circonflexe sur i ou u; **C3** : tréma sur u; **C4** : accent pour francisation; **D1** : **-èle** et non **-elle**, ou **-ète** et non **-ette**; **D2**, **D3** : consonne simple; **F1**, **F2** : anomalie rectifiée; **F3** : accent ajouté; **F4** : -ill- au lieu de -illi-.

contr()é...... • A1 :
  contréclairage
  contrécrou
  contrélectrode
  contrémail
  contrépaulette
  contrépreuve, etc.
contr()e...... • A1 :
  contrespionnage
  contressai
  contrexemple
  contrexpérience
  contrexpertise, etc.
contr()i...... • A1 :
  contrimbrication
  contrindication
  contrindiquer
  contrinspection
  contrinterrogatoire
  contrinterroger
  contrintuitif/ive, etc.
contr()o...... • A1 :
  controffensive
  controffre
  contrordre
  controuverture, etc.
contr()u...... • A1 :
  contrut
  contrutopie

coopérer • C1 :
  je coopèrerai
coposséder • C1 :
  je copossèderai
copra • G2
coqueter • D1 :
  je coquète
  je coquèterai
coquiller
coquillère • F4
coraco...... • A3 :
  coracoclaviculaire
  coracohuméral/ale
  coracoradial/ale, etc.
cordé
corde dorsale • G10
cordeler • D1 :
  je cordèle
  je cordèlerai
corê ou
coré • G10, B2 :
  des corês ou
  des corés
corolaire
corolairement
corole • D3
corrégidor • C4

RECOMMANDATIONS – G1 à G20 : il existait au moins deux variantes, il faut choisir la forme la plus simple ou la plus française (**G1** : choisir sans accent ; **G2** : choisir sans **h** ; **G3 à G16** : choisir cette forme plus française ; **G17** : choisir avec la consonne simple ; **G18** : choisir singulier et pluriel réguliers ; **G19** : choisir la soudure ; **G20** : choisir cette forme) ; **G21** : **-eur** au lieu de **-er** ; **G22 à G24** : forme recommandée.   **RÈGLES** : p. 170.

corréler • C1 :
  je corrèlerai
corseter • D1 :
  je corsète
  je corsèterai
cortico...... • A3 :
  corticospinal/ale
  corticosurrénal/ale
  corticostimuline, etc.
costo...... • A3 :
  costoclaviculaire
  costosternal/ale
  costovertébral/ale, etc.
cotcot • A4
coucicouça • A4
coudou • G10
coufique • G10, G9
cougar • G20 ou
cougouar • G9
  (selon la prononciation)
coupecoupe • A5
coupe-...... • B1 :
  un coupe-cigare
  des coupe-cigares
  un coupe-faim
  des coupe-faims
  un coupe-feu
  des coupe-feux
  un coupe-foin
  des coupe-foins
  un coupe-gorge
  des coupe-gorges
  un coupe-légume
  des coupe-légumes
  un coupe-œuf
  des coupe-œufs
  un coupe-ongle
  des coupe-ongles
  un coupe-papier
  des coupe-papiers
  un coupe-vent
  des coupe-vents, etc.
coupetout • A5
coupleter • D1 :
  je couplète
  je couplèterai
courbattu/ue
courbatture
courbatturé/ée
courbatturer • F1
couros • G10, B2 :
  des couros
cout
coutant/ante
couter
couteusement
couteux/euse • C2

RECTIFICATIONS – **A1**, **A2**, **A3** : soudure (avec le préfixe) ; **A4** : soudure (mot étranger ou onomatopée) ; **A5** : soudure ; **A6** : trait d'union ; **B1**, **B2** : singulier et pluriel réguliers ; **C1** : **è** et non **é** ; **C2** : sans accent circonflexe sur **i** ou **u** ; **C3** : tréma sur **u** ; **C4** : accent pour francisation ; **D1** : **-èle** et non **-elle**, ou **-ète** et non **-ette** ; **D2**, **D3** : consonne simple ; **F1**, **F2** : anomalie rectifiée ; **F3** : accent ajouté ; **F4** : -ill- au lieu de -illi-.

couvre-...... • B1 :
  un couvre-chaussu<u>re</u>
  des couvre-chaussu<u>res</u>
  un couvre-che<u>f</u>
  des couvre-che<u>fs</u>
  un couvre-cheve<u>u</u>
  des couvre-cheve<u>ux</u>
  un couvre-lit
  des couvre-li<u>ts</u>
  un couvre-œi<u>l</u>
  des couvre-œi<u>ls</u>, etc.

<u>couvrepied</u> • A5

<u>couvretout</u> • A5

<u>cowboy</u> • A4

coxo...... • A3 :
  <u>c</u>oxofémoral/ale

cr<u>ac</u> (château fort des croisés) • G10

crad<u>o</u> (familier) • G18 :
  des lieux crad<u>os</u>

craqu<u>è</u>lement • D1

craqueler • D1 :
  je craqu<u>è</u>le
  je craqu<u>è</u>lerai

craqu<u>è</u>tement • D1

craqueter • D1 :
  je craqu<u>è</u>te
  je craqu<u>è</u>terai

cr<u>è</u>cerelle (faucon) • C1

crécher • C1 :
  je cr<u>è</u>cherai

cr<u>é</u>dit-rel<u>ai</u> • F2

cr<u>é</u>do (ensemble de principes) • C4, B2 :
  des créd<u>os</u>

cr<u>é</u>matorium • C4

crémer • C1 :
  je cr<u>è</u>merai

cr<u>è</u>merie • C1 (*voir l'encadré à la page 31*)

cr<u>è</u>nelage

cr<u>è</u>nelé/ée • C1

cr<u>è</u>neler • C1, D1 :
  C1 : je cr<u>è</u>nelais
       nous cr<u>è</u>nelons
       vous cr<u>è</u>neliez
       cr<u>è</u>nelant
       cr<u>è</u>nelé ;
  D1 : je crén<u>è</u>le
       je crén<u>è</u>lerai

cr<u>è</u>nelure • C1

créner • C1 :
  je cr<u>è</u>nerai

crescend<u>o</u> • B2 :
  des crescend<u>os</u>

RECOMMANDATIONS – G1 à G20 : il existait au moins deux variantes, il faut choisir la forme la plus simple ou la plus française (**G1** : choisir sans accent ; **G2** : choisir sans **h** ; **G3 à G16** : choisir cette forme plus française ; **G17** : choisir avec la consonne simple ; **G18** : choisir singulier et pluriel réguliers ; **G19** : choisir la soudure ; **G20** : choisir cette forme) ; **G21** : **-eur** au lieu de **-er** ; **G22 à G24** : forme recommandée.   **RÈGLES : p. 170.**

crèteler • C1, D1 :
C1 : je crètelais
    nous crètelons
    vous crèteliez
    crètelant
    crètelé ;
D1 : je crétèle
    je crétèlerai

crève-…… • B1 :
un crève-cœur
des crève-cœurs
un/une crève-faim
des crève-faims, etc.

> Crève-la-faim (synonyme de crève-faim) reste invariable : il n'est pas touché par la règle B1, en raison de l'élément supplémentaire : -la-.

criccrac • A4

crico…… • A3 :
cricoaryténoïdien/enne

cricri • A4

criste-marine • G10

critérium • C4, B2 :
des critériums

crochepied • A5

crocheter • D1 :
je crochète
je crochèterai

croit (nom) • C2

croitre • C2 :
je croitrai
je croitrais

> Dans les formes verbales où il y aurait confusion avec les conjugaisons du verbe croire, l'accent est maintenu : crû, crois, croît, crûs, crût, crûrent…

crole
crolé/ée
croler • D3

crooneur • G21
(anglicisme : préférer chanteur de charme)

croquemadame • A5

croquemitaine • G19

croquemonsieur • A5

croquemort • G19

croquenote • G19

croquethon • G19

crosscountry • A4, B2 :
des crosscountrys

RECTIFICATIONS — **A1**, **A2**, **A3** : soudure (avec le préfixe) ; **A4** : soudure (mot étranger ou onomatopée) ; **A5** : soudure ; **A6** : trait d'union ; **B1**, **B2** : singulier et pluriel réguliers ; **C1** : è et non é ; **C2** : sans accent circonflexe sur i ou u ; **C3** : tréma sur u ; **C4** : accent pour francisation ; **D1** : -èle et non -elle, ou -ète et non -ette ; **D2**, **D3** : consonne simple ; **F1**, **F2** : anomalie rectifiée ; **F3** : accent ajouté ; **F4** : -ill- au lieu de -illi-.

crou**te**
crou**ter**
crou**teux/euse**
crou**ton** • C2
crument • C2
cryolite • G2
crypto...... • A3 :
  cryptocristallin/ine
  cryptosocialiste, etc.
cubito...... • A3 :
  cubitométacarpien/enne
  cubitoradial/ale
cuicui • A4
cuillè**re** • G20
cuillé**rée** • F3
  (on dit aussi cuillerée)
cuisseau • F2
cuissemadame • A5
cul-de-basse**fosse**
  • A5 (bassefosse est
  maintenant soudé)
culoté**/ée** (qui a de
  l'audace et du culot,
  ou qui est noirci) • D3
  (ne pas confondre avec
  culotté : qui est vêtu
  d'une culotte)

culturo...... • A3 :
  culturomondain/aine
cumulo...... • A3 :
  cumulonimbus
  cumulostratus
  cumulovolcan, etc.
cupro...... • A3 :
  cuproalliage
  cuproaluminium
  cuproammoniaque
  cupronickel, etc.
cure-...... • B1 :
  un cure-dent
  des cure-dents
  un cure-ongle
  des cure-ongles
  un cure-oreille
  des cure-oreilles
  un cure-pipe
  des cure-pipes, etc.
cureter • D1 :
  je curète
  je curèterai
curriculum • B2 :
  des curriculums
curriculum vitæ • B2 :
  des curriculums vitæ

RECOMMANDATIONS – G1 à G20 : il existait au moins deux variantes, il faut choisir la forme la plus simple ou la plus française (**G1** : choisir sans accent ; **G2** : choisir sans h ; **G3 à G16** : choisir cette forme plus française ; **G17** : choisir avec la consonne simple ; **G18** : choisir singulier et pluriel réguliers ; **G19** : choisir la soudure ; **G20** : choisir cette forme) ; **G21** : **-eur** au lieu de **-er** ; **G22 à G24** : forme recommandée.   **RÈGLES : p. 170.**

cutanéo...... • A3 :
cutanéomuqueux/euse
cutiréaction • A3
cutteur • G21 et on dit
aussi cutter (ce mot
peut rimer avec hiver) ;
anglicisme : selon le
sens voulu, préférer
cotre (voilier), couteau,
cisailles, sécateur...
cuvèlement • D1
cuveler • D1 :
je cuvèle
je cuvèlerai
cyano...... • A3 :
cyanobactérie
cyber...... • A3 :
cybermarkéting (+C4)
ou cybermarketing
(selon la prononciation)
cyberrecherche
cyberrecrutement
cyberreligion, etc.
cyclo...... • A3 :
cycloergomètre
cyclooxygénase
cyclopédestre
cyclopousse
cyclotourisme, etc.
cyclocross • A3, A4,
B2 : des cyclocross
cynorhodon • G17
cypho...... • A3 :
cyphoscoliose
cyto...... • A3 :
cytoarchitectonique
cytodiagnostic, etc.

Un cheval, des chevaux

Le pluriel de cheval
n'a pas été modifié.
On dit et on écrit
toujours : des chevaux.
Ce mot ne prend
donc jamais de s
et n'est pas touché par
la nouvelle orthographe.

RECTIFICATIONS – **A1**, **A2**, **A3** : soudure (avec le préfixe) ; **A4** : soudure (mot étranger ou onomatopée) ; **A5** : soudure ; **A6** : trait d'union ; **B1**, **B2** : singulier et pluriel réguliers ; **C1** : è et non é ; **C2** : sans accent circonflexe sur i ou u ; **C3** : tréma sur u ; **C4** : accent pour francisation ; **D1** : -èle et non -elle, ou -ète et non -ette ; **D2**, **D3** : consonne simple ; **F1**, **F2** : anomalie rectifiée ; **F3** : accent ajouté ; **F4** : -ill- au lieu de -illi-.

D

dacryo...... • A3 :
  <u>dacryo</u>adénite
daïkon • G20
daïmio • G20
<u>**dalaïlama**</u> • A4
dandy • B2 :
  des dand<u>ys</u>
danso<u>t</u>er • D3
da<u>re</u>dare • A4
dar<u>sh</u>ana • G20
dazibao • B2 :
  des dazibaos
deal<u>eur</u>/euse • G21
  (anglicisme : préférer
  le terme revendeur ou
  revendeuse)
d<u>é</u>batt<u>eur</u>/euse
  • C4, F1, G21
débecqueter • D1 :
  je débecqu<u>è</u>te
  je débecqu<u>è</u>terai
  (voir aussi la variante
  débèqueter)

débèqueter • C1, D1 :
  C1 : je débèquetais
    nous débèquetons
    vous débèquetiez
    débèquetant
    débèqueté ;
  D1 : je débéqu<u>è</u>te
    je débéqu<u>è</u>terai
  (voir aussi la variante
  débecqueter)
déblatérer • C1 :
  je déblatèrerai
débo<u>i</u>tement
débo<u>i</u>ter • C2
débosseler • D1 :
  je déboss<u>è</u>le
  je déboss<u>è</u>lerai
décacheter • D1 :
  je décach<u>è</u>te
  je décach<u>è</u>terai
décapeler • D1 :
  je décap<u>è</u>le
  je décap<u>è</u>lerai
décarreler • D1 :
  je décarr<u>è</u>le
  je décarr<u>è</u>lerai

RECOMMANDATIONS – G1 à G20 : il existait au moins deux variantes, il faut choisir la forme la plus simple ou la plus française (**G1** : choisir sans accent ; **G2** : choisir sans h ; **G3 à G16** : choisir cette forme plus française ; **G17** : choisir avec la consonne simple ; **G18** : choisir singulier et pluriel réguliers ; **G19** : choisir la soudure ; **G20** : choisir cette forme) ; **G21** : **-eur** au lieu de **-er** ; **G22 à G24** : forme recommandée.   **RÈGLES : p. 170.**

décéder • C1 :
je décèderai

décélérer • C1 :
je décélèrerai

décérébrer • C1 :
je décérèbrerai

décerveler • D1 :
je décervèle
je décervèlerai

déchaîné/ée
déchaînement
déchaîner • C2

décheveler • D1 :
je dechevèle
je dechevèlerai

déchiqueter • D1 :
je déchiquète
je déchiquèterai

décillement
déciller • F1

déclaveter • D1 :
je déclavète
je déclavèterai

décliqueter • D1 :
je décliquète
je décliquèterai

déclore • G1 :
il déclot

décolérer • C1 :
je décolèrerai

décolleter • D1 :
je décollète
je décollèterai

déconsidérer • C1 :
je déconsidèrerai

découpe-…… • B1 :
un découpe-œuf
des découpe-œufs

décrescendo • C4, B2 :
des décrescendos

décréter • C1 :
je décrèterai

décroit (nom) • C2

décroitre • C2 :
elle décroit
je décroitrai

décrouter • C2

déféquer • C1 :
je défèquerai

déférer • C1 :
je défèrerai

RECTIFICATIONS – **A1**, **A2**, **A3** : soudure (avec le préfixe) ; **A4** : soudure (mot étranger ou onomatopée) ; **A5** : soudure ; **A6** : trait d'union ; **B1**, **B2** : singulier et pluriel réguliers ; **C1** : è et non é ; **C2** : sans accent circonflexe sur i ou u ; **C3** : tréma sur u ; **C4** : accent pour francisation ; **D1** : -èle et non -elle, ou -ète et non -ette ; **D2**, **D3** : consonne simple ; **F1**, **F2** : anomalie rectifiée ; **F3** : accent ajouté ; **F4** : -ill- au lieu de -illi-.

déficeler • D1 :
 je défic**è**le
 je défic**è**lerai
défraichi/ie
défraichir • C2
dégénérer • C1 :
 je dégén**è**rerai
dégiter • C2
dégoter • D3
dégout
dégoutamment
dégoutant/ante
dégoutation
dégouté/ée
dégouter • C2 (ne pas
 confondre dégouter,
 qui vient de gout, et
 dégoutter, qui vient
 de goutte)
dégraveler • D1 :
 je dégrav**è**le
 je dégrav**è**lerai
déléatur • C4, B2 :
 des déléatur**s**
déléguer • C1 :
 je dél**è**guerai

délibérer • C1 :
 je délib**è**rerai
délirium • C4, B2 :
 des déliriums
délirium trémens
 • C4, B2 : des
 déliriums trémens
delta • B2 :
 des deltas
demi-clé • G20

> Doit-on souder demi- ?
>
> Non. Les mots construits avec demi-, mi-, quasi- et semi- conservent le trait d'union.

démiurge • F3
démodex • C4
démo...... • A3 :
 démoéconomique
démoucheter • D1 :
 je démouch**è**te
 je démouch**è**terai
démuseler • D1 :
 je démus**è**le
 je démus**è**lerai

RECOMMANDATIONS – G1 à G20 : il existait au moins deux variantes, il faut choisir la forme la plus simple ou la plus française (**G1** : choisir sans accent ; **G2** : choisir sans h ; **G3 à G16** : choisir cette forme plus française ; **G17** : choisir avec la consonne simple ; **G18** : choisir singulier et pluriel réguliers ; **G19** : choisir la soudure ; **G20** : choisir cette forme) ; **G21** : **-eur** au lieu de **-er** ; **G22 à G24** : forme recommandée. **RÈGLES : p. 170.**

dénivèlement • D1
déniveler • D1 :
 je dénivèle
 je dénivèlerai
denteler • D1 :
 je dentèle
 je dentèlerai
dentelier/ère • D2
dento...... • A3 :
 dentoalvéolaire
 dentofacial/ale, etc.
dépaqueter • D1 :
 je dépaquète
 je dépaquèterai
déplaire • C2 :
 il déplait
déposséder • C1 :
 je dépossèderai
dépoussiérer • C1 :
 je dépoussièrerai
déprotéger • C1 :
 je déprotègerai
dépuceler • D1 :
 je dépucèle
 je dépucèlerai
derby • B2 :
 des derbys

déréglementation
déréglementer • C1
dérégler • C1 :
 je déréglerai
dériveter • D1 :
 je dérivète
 je dérivèterai
dermato...... • A3 :
 dermatoarthrite
 dermatovénérologie
dermo...... • A3 :
 dermohygiène
 dermoponcture (+G3)
désaciérer • C1 :
 je désacièrerai
désaérer • C1 :
 je désaèrerai
désagréger • C1 :
 je désagrègerai
désaliéner • C1 :
 je désalièneraî
désaltérer • C1 :
 je désaltèrerai
désambigüisation
désambigüiser • C3
désenchainer • C2

RECTIFICATIONS – **A1**, **A2**, **A3** : soudure (avec le préfixe) ; **A4** : soudure (mot étranger ou onomatopée) ; **A5** : soudure ; **A6** : trait d'union ; **B1**, **B2** : singulier et pluriel réguliers ; **C1** : è et non é ; **C2** : sans accent circonflexe sur **i** ou **u** ; **C3** : tréma sur **u** ; **C4** : accent pour francisation ; **D1** : -**èle** et non -**elle**, ou -**ète** et non -**ette** ; **D2**, **D3** : consonne simple ; **F1**, **F2** : anomalie rectifiée ; **F3** : accent ajouté ; **F4** : -**ill**- au lieu de -**illi**-.

désensorceler • D1 :
je désensorc<u>è</u>le
je désensorc<u>è</u>lerai

désenvo<u>u</u>ter • C2

désespérer • C1 :
je désesp<u>è</u>rerai

déshydrogéner • C1 :
je déshydrog<u>è</u>nerai

déshypothéquer • C1 :
je déshypoth<u>è</u>querai

<u>**désidérata**</u> • C4, B2 :
des désidérata<u>s</u>

désincarcérer • C1 :
je désincarc<u>è</u>rerai

désintégrer • C1 :
je désint<u>è</u>grerai

désoxygéner • C1 :
je désoxyg<u>è</u>nerai

despérad<u>o</u> • C4, B2 :
des despérado<u>s</u>

dessécher • C1 :
je dess<u>è</u>cherai

dessemeler • D1 :
je dessem<u>è</u>le
je dessem<u>è</u>lerai

dess<u>ou</u>ler • G20, C2

dételer • D1 :
je dét<u>è</u>le
je dét<u>è</u>lerai

deux • A6 :
cent-deux
deux-cents
deux-cent-trente-deux
deux-mille-deux
vingt-deux-mille
deux-cent-mille
deux-millions, etc.

d<u>évan</u>a<u>ga</u>r<u>i</u> • C4, G1, C2

devoir • dû, dus, due, dues (*le participe passé est inchangé : voir encadré à la page 63*)

d<u>é</u>von • C4

dextrors<u>um</u> • B2 :
des tours dextrors<u>ums</u>

diaspor<u>a</u> • B2 :
des diaspora<u>s</u>

di<u>c</u>tat • G10

di<u>é</u>sel • C4

diéser • C1 :
je di<u>è</u>serai

RECOMMANDATIONS – G1 à G20 : il existait au moins deux variantes, il faut choisir la forme la plus simple ou la plus française (**G1** : choisir sans accent ; **G2** : choisir sans **h** ; **G3 à G16** : choisir cette forme plus française ; **G17** : choisir avec la consonne simple ; **G18** : choisir singulier et pluriel réguliers ; **G19** : choisir la soudure ; **G20** : choisir cette forme) ; **G21** : **-eur** au lieu de **-er** ; **G22 à G24** : forme recommandée. **RÈGLES : p. 170.**

Nouvelle orthographe : la liste simplifiée

différer • C1 :
je différerai

digamma • B2 :
des digammas

digérer • C1 :
je digèrerai

digitoponcture • A3, G3

dilacérer • C1 :
je dilacèrerai

dime • C2

diminuendo • B2 :
des diminuendos

dinatoire
dinée (rare)
diner
dinette
dineur/euse • C2

dinghie • G20, B2 :
des dinghies
(anglicisme : préférer
canot pneumatique)

dinothérium • C4

disaccaride • F2

disparaitre • C2 :
il disparait
je disparaitrai

disséquer • C1 :
je dissèquerai

dissout, dissoute • F2

dissymétrie
dissymétrique • G20

distributionalisme
distributionaliste • G17

divertimento • B2 :
des divertimentos

dix • A6 :
cent-dix
dix-mille
dix-mille-dix
dix-millions, etc.

djamaa • B2 :
des djamaas

djébel • C4, B2 :
des djébels

djémaa • C4, G17, G1, B2 :
des djémaas

docu...... • A3 :
docudrame
docufiction, etc.

dompte-...... • B1 :
un dompte-venin
des dompte-venins

RECTIFICATIONS – **A1**, **A2**, **A3** : soudure (avec le préfixe) ; **A4** : soudure (mot étranger ou onomatopée) ; **A5** : soudure ; **A6** : trait d'union ; **B1**, **B2** : singulier et pluriel réguliers ; **C1** : **è** et non **é** ; **C2** : sans accent circonflexe sur **i** ou **u** ; **C3** : tréma sur **u** ; **C4** : accent pour francisation ; **D1** : -**èle** et non -**elle**, ou -**ète** et non -**ette** ; **D2**, **D3** : consonne simple ; **F1**, **F2** : anomalie rectifiée ; **F3** : accent ajouté ; **F4** : -**ill**- au lieu de -**illi**-.

do<u>n</u>ia (au lieu de doña)
• G22

do<u>n</u>juan • A4, B2 :
des donjua<u>ns</u>

do<u>n</u>juanesque
do<u>n</u>juaniser
do<u>n</u>juanisme • G19

do<u>n</u>quichotte • A4, B2 :
des donquichott<u>es</u>

do<u>n</u>quichottesque
do<u>n</u>quichottisme • G19

dou<u>ç</u>âtre • F2

douze • A6 :
cent-douze
douze-cents
cinq-cent-douze
douze-mille-douze
douze-millions, etc.

drac<u>é</u>na • C4, G5

dramatico...... • A3 :
<u>dramatico</u>musical/ale

dri<u>b</u>le
dri<u>b</u>ler
dri<u>b</u>leur/euse • G17

dros<u>é</u>ra • C4

dr<u>u</u>ment • C2

Dû ou du ?

Le participe passé dû (verbe devoir) est inchangé : l'accent est maintenu sur la forme du masculin singulier (dû), pour ne pas le confondre avec le mot du. Son pluriel et son féminin s'écrivent toujours dus, due et dues, sans accent. Le nom masculin un dû/des dus est également inchangé. Exemples : Il a dû boire du lait. Cette somme est due le dernier jour du mois. Réclamer son dû. Payer ses dettes, ses dus (rare au pluriel).

---

due<u>tt</u>o • B2 : des
duetto<u>s</u>

<u>d</u>umdu<u>m</u> • A4, B2 :
des dumdu<u>ms</u>

d<u>u</u>ment • C2

duod<u>é</u>no...... • A3 :
<u>duodéno</u>gastrectomie
<u>duodéno</u>jéjunostomie

RECOMMANDATIONS – G1 à G20 : il existait au moins deux variantes, il faut choisir la forme la plus simple ou la plus française (**G1** : choisir sans accent ; **G2** : choisir sans h ; **G3 à G16** : choisir cette forme plus française ; **G17** : choisir avec la consonne simple ; **G18** : choisir singulier et pluriel réguliers ; **G19** : choisir la soudure ; **G20** : choisir cette forme) ; **G21** : **-eur** au lieu de **-er** ; **G22 à G24** : forme recommandée. **RÈGLES** : **p. 170.**

duodénum • B2 :
des duodénums
duplicata • B2 :
des duplicatas
durbec • G19
dussè-je (rare) • C1
duveter (se) • D1 :
il se duvète
elle se duvètera
dynamo...... • A3 :
dynamoélectrique
dysidrose • G2, G20
dzêta • B2 : des dzêtas
(voir aussi zêta)

> **Eczéma devenu exéma**
>
> L'orthographe d'eczéma, inhabituelle en français, rejoint maintenant celle de mots de même prononciation : exéma, comme exécuter et examen.

E

ébiseler • D1 :
j'ébisèle
j'ébisèlerai
ébouqueter • D1 :
j'ébouquète
j'ébouquèterai
ébrécher • C1 :
j'ébrècherai
écarte-...... • B1 :
un écarte-pneu
des écarte-pneus
un écarte-talon
des écarte-talons
échantignole • D3
èche • G13
(on trouve aussi aiche)
écheler • D1 :
j'échèle
j'échèlerai
écher • G20, G13,
C1 : j'ècherai
(on trouve aussi aicher)
écheveler • D1 :
j'échevèle
j'échevèlerai

RECTIFICATIONS – A1, **A2**, **A3** : soudure (avec le préfixe); **A4** : soudure (mot étranger ou onomatopée); **A5** : soudure; **A6** : trait d'union; **B1**, **B2** : singulier et pluriel réguliers; **C1** : **è** et non **é**; **C2** : sans accent circonflexe sur **i** ou **u**; **C3** : tréma sur **u**; **C4** : accent pour francisation; **D1** : **-èle** et non **-elle**, ou **-ète** et non **-ette**; **D2**, **D3** : consonne simple; **F1**, **F2** : anomalie rectifiée; **F3** : accent ajouté; **F4** : **-ill-** au lieu de **-illi-**.

échévéria • C4

écho...... • A3 :
  échcencéphalographie

échoboumeur/euse
  • C4, A3, A4, G9, G21

éclore • G1 :
  il éclot

éco...... • A3 :
  écoagriculture
  écocentre
  écoconstruction
  éccenvironnemental/ale
  écoéthologie
  écogite (+C2)
  écomensonge
  écoproduit (on dit aussi écoloproduit)
  écoresponsable
  écotourisme, etc.

  > Pour éviter o + i, on met le trait d'union : éco-industrie.

écolleter • D1 :
  j'écollète
  j'écollèterai

écolo...... • A3 :
  écoloproduit (on dit aussi écoproduit)

écoumène • G7, G10

écrase-...... • B1 :
  un écrase-merde
  des écrase-merdes

écrémer • C1 :
  j'écrèmerai

écroutage
écroutement
écrouter
écrouteuse • C2

eczéma • il devient **exéma** (*voir encadré page précédente*)

édelweiss • C4
éfendi • C4, G20
éfrit • C4
égagropile • G5
égo • C4, B2 :
  des égos

égopodium • G5
égosome • G5
égrare • G5
égrugeüre (rare) • C3
éjecto...... • A3 :
  éjectocompresseur
  éjectoconvecteur

RECOMMANDATIONS – G1 à G20 : il existait au moins deux variantes, il faut choisir la forme la plus simple ou la plus française (**G1** : choisir sans accent ; **G2** : choisir sans **h** ; **G3 à G16** : choisir cette forme plus française ; **G17** : choisir avec la consonne simple ; **G18** : choisir singulier et pluriel réguliers ; **G19** : choisir la soudure ; **G20** : choisir cette forme) ; **G21** : **-eur** au lieu de **-er** ; **G22 à G24** : forme recommandée. **RÈGLES : p. 170.**

électro...... • A3 :
  électroacoustique
  électroaimant
  électroanalyse
  électrochoc
  électroélectronique
  électroencéphalographie
  électroendosmose
  électroérosion
  électroextraction
  électrofrein
  électrooptique
  électroosmose
  électroponcture (+G3)
  électrosynthèse, etc.
  > Pour éviter o + i, on met le trait d'union :
  > électro-immunodiffusion
  > électro-informatique
  > électro-iridogramme.

électronvolt • G19

éléis • G5

éléphant • (*inchangé : voir encadré page 109*)

ellébore • G2

élodée • G2

emballoter • D3

embattage
embattre • F1
emboitable
emboitage
emboitant/ante
emboité
emboitement
emboiter
emboiture • C2

embotteler • D1 :
  j'embottèle
  j'embottèlerai

embouveter • D1 :
  j'embouvète
  j'embouvèterai

embratteler • D1 :
  j'embrattèle
  j'embrattèlerai

embreler • D1 :
  j'embrèle
  j'embrèlerai

embuche
embucher • C2

émécher • C1 :
  j'émècherai

emmanteler • D1 :
  j'emmantèle
  j'emmantèlerai

RECTIFICATIONS – A1, **A2**, **A3** : soudure (avec le préfixe) ; **A4** : soudure (mot étranger ou onomatopée) ; **A5** : soudure ; **A6** : trait d'union ; **B1**, **B2** : singulier et pluriel réguliers ; **C1** : è et non é ; **C2** : sans accent circonflexe sur **i** ou **u** ; **C3** : tréma sur **u** ; **C4** : accent pour francisation ; **D1** : **-èle** et non **-elle**, ou **-ète** et non **-ette** ; **D2**, **D3** : consonne simple ; **F1**, **F2** : anomalie rectifiée ; **F3** : accent ajouté ; **F4** : **-ill-** au lieu de **-illi-**.

emmental • G2

emmétrer • C1 :
j'emmètrerai

emmuseler • D1 :
j'emmus*èle*
j'emmus*èle*rai

émoucheter • D1 :
j'émouch*ète*
j'émouch*ète*rai

empaqueter • D1 :
j'empaqu*ète*
j'empaqu*ète*rai

empenneler • D1 :
j'empenn*èle*
j'empenn*èle*rai

empiéger • C1 :
j'empi*è*gerai

empiètement • C1
empiéter • C1 :
j'empi*è*terai

emporium • B2 :
des empori*um*s

emporte-...... • B1 :
un emporte-piè*c*e
des emporte-piè*c*es

empoussiérer • C1 :
j'empoussi*è*rerai

en-but • B1 :
des en-bu*t*s

encablure • G1

encas • G19

encéphalo...... • A3 :
*encéphalo*myélite

**enchainé/ée
enchainement
enchainer** • C2

enchanteler • D1 :
j'enchant*èle*
j'enchant*èle*rai

encliqueter • D1 :
j'encliqu*ète*
j'encliqu*ète*rai

encloitrer • C2

enclore • G1 :
il enclo*t*

encours • G19

**encrouté/ée
encroutement
encrouter** • C2

endo...... • A3 :
*endo*alvéolie

**enfaiteau
enfaitement
enfaiter** • C2

RECOMMANDATIONS – G1 à G20 : il existait au moins deux variantes, il faut choisir la forme la plus simple ou la plus française (**G1** : choisir sans accent ; **G2** : choisir sans h ; **G3 à G16** : choisir cette forme plus française ; **G17** : choisir avec la consonne simple ; **G18** : choisir singulier et pluriel réguliers ; **G19** : choisir la soudure ; **G20** : choisir cette forme) ; **G21** : **-eur** au lieu de **-er** ; **G22 à G24** : forme recommandée. **RÈGLES** : **p. 170.**

enficeler • D1 :
  j'enfic<u>è</u>le
  j'enfic<u>è</u>lerai
enfiévrer • C1 :
  j'enfi<u>è</u>vrerai
enflécher • C1 :
  j'enfl<u>è</u>cherai
enf<u>u</u>tage
enf<u>u</u>ter
enf<u>u</u>teur/euse • C2
engrumeler • D1 :
  j'engrum<u>è</u>le
  j'engrum<u>è</u>lerai
enjaveler • D1 :
  j'enjav<u>è</u>le
  j'enjav<u>è</u>lerai
en<u>qui</u>qu<u>i</u>nant/ante
en<u>qui</u>qu<u>i</u>nement
en<u>qui</u>qu<u>i</u>neur/euse
en<u>qui</u>qu<u>i</u>ner • G11
<u>en</u>soi (nom rare) • A5
ensorc<u>è</u>lement • D1
ensorceler • D1 :
  j'ensorc<u>è</u>le
  j'ensorc<u>è</u>lerai
enstérer • C1 :
  j'enst<u>è</u>rerai

enténébrer • C1 :
  j'entén<u>è</u>brerai
entéro...... • A3 :
  <u>entéro</u>hépatique
  <u>entéro</u>rénal/ale
<u>en</u>tête • A5
entr( )a...... • A1 :
  <u>entr</u>accuser (s')
  <u>entr</u>admirer (s')
  <u>entr</u>aimer (s')
  <u>entr</u>apercevoir
  <u>entr</u>appara<u>i</u>tre (+C2)
  <u>entr</u>appeler (s')
  etc.
entra<u>i</u>nable
entra<u>i</u>nant/ante
entra<u>i</u>nement
entra<u>i</u>ner
entra<u>i</u>neur/euse • C2
entre...... • A1 :
  <u>entre</u>bande
  <u>entre</u>déchirer (s')
  <u>entre</u>détruire (s')
  <u>entre</u>deux
  <u>entre</u>dévorer (s')
  <u>entre</u>frapper (s')
  <u>entre</u>haïr (s')
  <u>entre</u>heurter (s')
  <u>entre</u>jambe

RECTIFICATIONS – **A1**, **A2**, **A3** : soudure (avec le préfixe) ; **A4** : soudure (mot étranger ou onomatopée) ; **A5** : soudure ; **A6** : trait d'union ; **B1**, **B2** : singulier et pluriel réguliers ; **C1** : è et non é ; **C2** : sans accent circonflexe sur **i** ou **u** ; **C3** : tréma sur **u** ; **C4** : accent pour francisation ; **D1** : **-èle** et non **-elle**, ou **-ète** et non **-ette** ; **D2**, **D3** : consonne simple ; **F1**, **F2** : anomalie rectifiée ; **F3** : accent ajouté ; **F4** : **-ill-** au lieu de **-illi-**.

en<u>tr</u>enerf
en<u>tr</u>enuire (s')
<u>entre</u>rail
<u>entre</u>regarder (s')
en<u>tr</u>etemps
en<u>tr</u>etuer (s')
<u>entre</u>voie, etc.

> Qu'arrive-t-il au préfixe entre... devant voyelle?
>
> Le e de entre disparait avant une voyelle comme a, é, o :
> entrapercevoir
> s'entrégorger
> entrouvrir.

entr()é...... • A1 :
<u>entré</u>gorger (s')

entr()o...... • A1 :
<u>entr</u>ouvrir

entrevouter • C2

énumérer • C1 :
j'énum<u>è</u>rerai

envergeüre (domaine du textile : mot rare qui rime avec jure) • C3 (ne pas confondre avec envergure)

envo<u>u</u>tant/ante
envo<u>u</u>tement
envo<u>u</u>ter
envo<u>u</u>teur/euse • C2

éolip<u>i</u>le • G20

épanneler • D1 :
j'épann<u>è</u>le
j'épann<u>è</u>lerai

epeler • D1 :
j'ép<u>è</u>le
j'ép<u>è</u>lerai

<u>épiépineux/euse</u> • A3

épinceler • D1 :
j'épinc<u>è</u>le
j'épinc<u>è</u>lerai

épinceter • D1 :
j'épinc<u>è</u>te
j'épinc<u>è</u>terai

épithélio...... • A3 :
<u>épithélio</u>conjonctif/ive

ép<u>i</u>tre • C2

épluche-...... • B1 :
un épluche-légum<u>e</u>
des épluche-légum<u>es</u>
un épluche-pata<u>te</u>
des épluche-pata<u>tes</u>
etc.

RECOMMANDATIONS – G1 à G20 : il existait au moins deux variantes, il faut choisir la forme la plus simple ou la plus française (**G1** : choisir sans accent ; **G2** : choisir sans **h** ; **G3 à G16** : choisir cette forme plus française ; **G17** : choisir avec la consonne simple ; **G18** : choisir singulier et pluriel réguliers ; **G19** : choisir la soudure ; **G20** : choisir cette forme) ; **G21** : **-eur** au lieu de **-er** ; **G22 à G24** : forme recommandée. **RÈGLES : p. 170.**

épousseter • D1 :
 j'épouss**è**te
 j'épouss**è**terai

epsilon • B2 :
 des epsilo**ns**

épyornis • G5

équatoguinéen/enne
 • A3

erbue • G2

erg • B2 : des erg**s**

erminette • G2

erpétologie
erpétologique
erpétologiste • G2

errata (fiche signalant
 plusieurs erreurs)
 • B2 : des errat**as**

erratum (fiche signalant
 une seule erreur)
 • B2 : des erratu**ms**

esbroufe
esbroufer
esbroufeur/euse • G17

espéranto • C4

espérer • C1 :
 j'esp**è**rerai

espionite • G17

essuie-...... • B1 :
 un essuie-glac**e**
 des essuie-glac**es**
 un essuie-mai**n**
 des essuie-mai**ns**
 un essuie-pie**d**
 des essuie-pie**ds**
 un essuie-plum**e**
 des essuie-plum**es**, etc.

essuietout • A5

esthésiogène
esthésiomètre • G6

estradiol
estrogène
estrogénique
estrogénothérapie
estroprogestatif/ive

estrone • G8

êta (lettre grecque)
 • B2 : des êta**s**

etcétér**a** • A4, G5, C4,
 B2 : des etcétér**as**

ethno...... • A3 :
 ethn**o**culturel/elle

éthuse • G5

RECTIFICATIONS – **A1**, **A2**, **A3** : soudure (avec le préfixe) ; **A4** : soudure (mot étranger ou onomatopée) ; **A5** : soudure ; **A6** : trait d'union ; **B1**, **B2** : singulier et pluriel réguliers ; **C1** : **è** et non **é** ; **C2** : sans accent circonflexe sur **i** ou **u** ; **C3** : tréma sur **u** ; **C4** : accent pour francisation ; **D1** : **-èle** et non **-elle**, ou **-ète** et non **-ette** ; **D2**, **D3** : consonne simple ; **F1**, **F2** : anomalie rectifiée ; **F3** : accent ajouté ; **F4** : **-ill-** au lieu de **-illi-**.

étinc<u>è</u>lement • D1
étinceler • D1 :
  j'étinc<u>è</u>le
  j'étinc<u>è</u>lerai
étiqueter • D1 :
  j'étiqu<u>è</u>te
  j'étiqu<u>è</u>terai
étouffe-…… • B1 :
  un étouffe-chrétie<u>n</u>
  des étouffe-chrétie<u>ns</u>
eu<u>c</u>ologe • G10 ou
eu<u>c</u>ologue • G10
  (deux prononciations)
<u>e</u>uristique • G2
<u>e</u>uro…… • A3 :
  <u>e</u>uroobligation
  <u>e</u>urooptimiste, etc.
eus<u>c</u>arien/enne • G10
euss<u>è</u>-je (rare) • C1
év<u>è</u>nement (voir
  l'encadré à la page 31)
év<u>è</u>nementiel/elle • C1
éventa<u>ill</u>er
éventa<u>ill</u>ère • F4
éviscérer • C1 :
  j'éviscé<u>re</u>rai

évo<u>é</u> • G2
ex<u>æ</u>qu<u>o</u> (nom) • A4,
  B2 : des exæqu<u>os</u>
exagérer • C1 :
  j'exag<u>è</u>rerai
ex ant<u>é</u> • C4
exaspérer • C1 :
  j'exasp<u>è</u>rerai
ex cath<u>é</u>dra • C4
excéder • C1 :
  j'exc<u>è</u>derai
excito…… • A3 :
  <u>excito</u>moteur/trice
excréter • C1 :
  j'excr<u>è</u>terai
ex<u>é</u>at • C4, B2 :
  des ex<u>é</u>ats
exécrer • C1 :
  j'ex<u>è</u>crerai
ex<u>é</u>ma (voir l'encadré
  à la page 64)
ex<u>é</u>mateux/euse
ex<u>é</u>matiforme
ex<u>é</u>matique
ex<u>é</u>matisation
ex<u>é</u>matiser • F2

RECOMMANDATIONS – G1 à G20 : il existait au moins deux variantes, il faut choisir la forme la plus simple ou la plus française (**G1** : choisir sans accent ; **G2** : choisir sans **h** ; **G3 à G16** : choisir cette forme plus française ; **G17** : choisir avec la consonne simple ; **G18** : choisir singulier et pluriel réguliers ; **G19** : choisir la soudure ; **G20** : choisir cette forme) ; **G21** : **-eur** au lieu de **-er** ; **G22 à G24** : forme recommandée. **RÈGLES** : **p. 170**.

exéquatur • C4, B2 :
des exéquatu<u>r</u>s

exhéréder • C1 :
j'exhér<u>è</u>derai

exigu, exig<u>üe</u> • C3
exig<u>üi</u>té • C3

exi<u>t</u> (sortie de scène)
• B2 : des exi<u>t</u>s

ex<u>libris</u> • A4

exo...... • A3 :
<u>exo</u>alvéolie
<u>exo</u>énergétique, etc.

exonérer • C1 :
j'exon<u>è</u>rerai

exsanguino...... • A3 :
<u>exsanguino</u>transfusion

extra (nom et adjectif)
• G18, G22 :
des extr<u>a</u>s (nom : G18)
des huiles extr<u>a</u>s (G22)

extra...... (préfixe) • A2 :
<u>extra</u>atmosphérique
<u>extra</u>courant
<u>extra</u>fin/ine
<u>extra</u>fort/te
<u>extra</u>hospitalier/ère
<u>extra</u>légal/ale
<u>extra</u>lucide
<u>extra</u>mince
<u>extra</u>muros
<u>extra</u>oral/ale
<u>extra</u>parlementaire
<u>extra</u>sensible
<u>extra</u>sensoriel/elle
<u>extra</u>terrestre, etc.

> Pour éviter a + i
> et a + u, on met
> le trait d'union :
> extra-institutionnel/elle
> extra-utérin/ine.

extradry • A2, B2 :
des vins extradr<u>y</u>s
(anglicisme : préférer un
terme tel que très sec)

extrém<u>um</u> • C4, B2 :
des extrém<u>um</u>s

exubérer • C1 :
j'exub<u>è</u>rerai

exulcérer • C1 :
j'exulc<u>è</u>rerai

ex<u>voto</u> • A4, B2 :
des exvot<u>o</u>s

RECTIFICATIONS – **A1**, **A2**, **A3** : soudure (avec le préfixe) ; **A4** : soudure (mot étranger ou onomatopée) ; **A5** : soudure ; **A6** : trait d'union ; **B1**, **B2** : singulier et pluriel réguliers ; **C1** : **è** et non **é** ; **C2** : sans accent circonflexe sur **i** ou **u** ; **C3** : tréma sur **u** ; **C4** : accent pour francisation ; **D1** : **-èle** et non **-elle**, ou **-ète** et non **-ette** ; **D2**, **D3** : consonne simple ; **F1**, **F2** : anomalie rectifiée ; **F3** : accent ajouté ; **F4** : **-ill-** au lieu de **-illi-**.

F

faciès • C4
facsimilé • A4, C4, B2 :
  des facsimilés
faine
fainée • C2
fairepart • A5
fairplay • A4, B2 :
  des fairplays
  (anglicisme : préférer un terme tel que franc-jeu, loyauté, bonne foi)
faitage
faite
faiteau
faitier/ère • C2
faitout • A5
fantasme • G16
faramineux/euse • G16
farouche (trèfle cultivé) • G20
faséyer • C1 :
  je fasèyerai

fastfood • A4
  (anglicisme : préférer un terme tel que restauration rapide, prêt-à-manger...)
fatma • G2, B2 :
  des fatmas
favéla • C4, B2 :
  des favélas
fayotage
fayoter • D3
fécès • C4
  (on dit aussi fèces)
fédayin • C4, G17, B2 :
  des fédayins
fédérer • C1 :
  je fédèrerai
féérie • F3
  (on dit aussi féerie)
féérique • F3
  (on dit aussi féerique)
feldwébel • C4
fellaga • G2, B2 :
  des fellagas
fellah • B2 :
  des fellahs
fermailler
fermaillère • F4

RECOMMANDATIONS – G1 à G20 : il existait au moins deux variantes, il faut choisir la forme la plus simple ou la plus française (**G1** : choisir sans accent ; **G2** : choisir sans **h** ; **G3 à G16** : choisir cette forme plus française ; **G17** : choisir avec la consonne simple ; **G18** : choisir singulier et pluriel réguliers ; **G19** : choisir la soudure ; **G20** : choisir cette forme) ; **G21** : **-eur** au lieu de **-er** ; **G22 à G24** : forme recommandée. **RÈGLES : p. 170.**

ferro...... • A3 :
  ferroalliage
  ferroaluminium
  ferroantigorite
  ferroédénite
  ferroélectrique
  ferromagnétisme
  ferromanganèse, etc.

ferry • B2 : des ferrys

ferryboat • A4
  (anglicismes : préférer un terme tel que traverser, navire transbordeur, bac)

festnoz • A4, B2 :
  des festnozs

féta • C4

feuilleter • D1 :
  je feuillète
  je feuillèterai

feuilletonesque
feuilletoniste • G17

fèverole • C1, D3
  (on dit aussi faverole)

fiasco • B2 :
  des fiascos

fiat • B2 :
  des fiats

fibro...... • A3 :
  fibroangiome
  fibrocartilage
  fibroélastose
  fibrokystique
  fibromuqueuse
  fibroostéome, etc.

ficeler • D1 :
  je ficèle
  je ficèlerai

fichument • C2

fiftyfifty • A4, B2 :
  des fiftyfiftys
  (anglicisme : le nom désigne un type de yacht avec voile et moteur)

fildefériste • G19

filibeg • G16

finish • B2 : des finishs
  (anglicisme : préférer un terme plus français)

finissè-je (rare) • C1

fjord • G20

fioul • G20

fixe-...... • B1 :
  un fixe-cadre
  des fixe-cadres

RECTIFICATIONS – A1, A2, A3 : soudure (avec le préfixe) ; **A4** : soudure (mot étranger ou onomatopée) ; **A5** : soudure ; **A6** : trait d'union ; **B1, B2** : singulier et pluriel réguliers ; **C1** : è et non é ; **C2** : sans accent circonflexe sur **i** ou **u** ; **C3** : tréma sur **u** ; **C4** : accent pour francisation ; **D1** : **-èle** et non **-elle**, ou **-ète** et non **-ette** ; **D2, D3** : consonne simple ; **F1, F2** : anomalie rectifiée ; **F3** : accent ajouté ; **F4** : **-ill-** au lieu de **-illi-**.

un fixe-crava<u>te</u>
des fixe-crava<u>tes</u>
un fixe-nap<u>pe</u>
des fixe-nap<u>pes</u>
un fixe-tu<u>be</u>
des fixe-tu<u>bes</u>, etc.

fl<u>a</u>fla • A4

flammer<u>o</u>le • D3

fla<u>sh</u> • B2 : des fla<u>shs</u>
(anglicisme : préférer un terme plus français)

<u>flashback</u> • A4, B2 :
des flashbac<u>ks</u>
(anglicisme : préférer le terme retour en arrière)

flécher • C1 :
je flè<u>c</u>herai

<u>flegmagogue</u>
<u>flegmasie</u>
<u>flegmasique</u>
<u>flegmatique</u>
<u>flegmatiquement</u>
<u>flegmatisant/ante</u>
<u>flegmatisation</u>
<u>flegmatiser</u>
<u>flegme</u>
<u>flegmon</u>
<u>flegmoneux/euse</u>
• G16

flé<u>o</u>le • G16

fleureter • D1 :
je fleur<u>è</u>te
je fleur<u>è</u>terai

fli<u>c</u>flac • A4

<u>fli</u>pflap • A4, B2 :
des flipfla<u>ps</u>

flocculo...... • A3 :
<u>flocculo</u>nodulaire

flop<u>é</u>e • G17

fl<u>u</u>te
fl<u>u</u>té/ée
fl<u>u</u>teau
fl<u>u</u>ter
fl<u>u</u>teur/euse
fl<u>u</u>tiau
fl<u>u</u>tiste • C2

fluvio...... • A3 :
<u>fluvio</u>glaciaire

foéner • C1 :
je fo<u>è</u>nerai

foir<u>o</u>le • D3

folliculo...... • A3 :
<u>folliculo</u>stimulant/ante
<u>folliculo</u>stimuline

fontanili • B2 :
des fontanil<u>is</u>

RECOMMANDATIONS – G1 à G20 : il existait au moins deux variantes, il faut choisir la forme la plus simple ou la plus française (**G1** : choisir sans accent ; **G2** : choisir sans **h** ; **G3 à G16** : choisir cette forme plus française ; **G17** : choisir avec la consonne simple ; **G18** : choisir singulier et pluriel réguliers ; **G19** : choisir la soudure ; **G20** : choisir cette forme) ; **G21** : **-eur** au lieu de **-er** ; **G22 à G24** : forme recommandée.   **RÈGLES** : **p. 170.**

footballeur/euse • G21

forté • C4, B2 :
des fortés

fortépiano • A4, C4, B2 : des fortépianos

fortissimo • B2 :
des fortissimos

fouette-...... • B1 :
un fouette-queue
des fouette-queues

fouille-...... • B1 :
un fouille-poubelle
des fouille-poubelles
un fouille-roche
des fouille-roches, etc.

fourmilion • G19

fourretout • A5

fourretout-parapluie • A5

foxhound • A4

foxterrier • A4

foxtrot • A4, B2 :
des foxtrots

fraiche (adj. et nom)
fraichement
fraicheur
fraichin
fraichir • C2

franco-québécois/oise • F3

franco-yukonais/aise • G17

On met un trait d'union marquant la coordination dans des mots comme franco-belge franco-canadien/enne franco-suisse, etc. (Détails à la page 171.)

freezeur • G21
(anglicisme : préférer le terme congélateur)

frésia • G20

fréter • C1 :
je frèterai

fricfrac • A4

frisotant/ante
frisoter
frisotis • D3

frotte-...... • B1 :
un frotte-manche
des frotte-manches

froufrou • A4

fuéro • C4

fulmi...... • A3 :
fulmicoton

RECTIFICATIONS – **A1**, **A2**, **A3** : soudure (avec le préfixe) ; **A4** : soudure (mot étranger ou onomatopée) ; **A5** : soudure ; **A6** : trait d'union ; **B1**, **B2** : singulier et pluriel réguliers ; **C1** : è et non é ; **C2** : sans accent circonflexe sur i ou u ; **C3** : tréma sur u ; **C4** : accent pour francisation ; **D1** : -èle et non -elle, ou -ète et non -ette ; **D2**, **D3** : consonne simple ; **F1**, **F2** : anomalie rectifiée ; **F3** : accent ajouté ; **F4** : -ill- au lieu de -illi-.

fume-...... • B1 :
  un fume-cigare
  des fume-cigares
  un fume-cigarette
  des fume-cigarettes
fumerole
fumerolien/enne • D3
furane • G17
fureter • D1 :
  je furète
  je furèterai
fusarole • D3
fuseler • D1 :
  je fusèle
  je fusèlerai
fusilli • B2 :
  des fusillis
fusionite • G24
fuso...... • A3 :
  fusocellulaire
  fusospirille
fussè-je (rare) • C1
fut (nom) • C2
futier • C2

✧

G

gabare
gabarier • G17
gable • G1
gadjo • B2 :
  des gadjos
gageüre • C3
gagne-pain • B1 :
  des gagne-pains
gagnepetit • A5
gaillèterie • F3 (on dit aussi gailleterie)
gaiment
gaité • C2, G20
galatée (crustacé) • G2
galéjer • C1 :
  je galèjerai
galérer • C1 :
  je galèrerai
gamma • B2 :
  des gammas
gammaencéphalogramme
gammaencéphalographie • G19
ganadéria • C4

RECOMMANDATIONS – G1 à G20 : il existait au moins deux variantes, il faut choisir la forme la plus simple ou la plus française (**G1** : choisir sans accent ; **G2** : choisir sans **h** ; **G3 à G16** : choisir cette forme française ; **G17** : choisir avec la consonne simple ; **G18** : choisir singulier et pluriel réguliers ; **G19** : choisir la soudure ; **G20** : choisir cette forme) ; **G21** : **-eur** au lieu de **-er** ; **G22 à G24** : forme recommandée. **RÈGLES : p. 170.**

gangréner • F3, C1 :
je gangrènerai
(à l'infinitif, on dit aussi gangrener)

gangréneux/euse • F3
(on dit aussi gangreneux/euse)

garde-...... • B1 :
un/une garde-barrière
des garde-barrières
un garde-bœuf
des garde-bœufs
un garde-boue
des garde-boues
un/une garde-chasse
des garde-chasses
un/une garde-côte
des garde-côtes
un garde-feu
des garde-feux
un garde-fou
des garde-fous
un/une garde-magasin
des garde-magasins
un/une garde-malade
des garde-malades
un garde-manger
des garde-mangers
un garde-meuble
des garde-meubles
un/une garde-pêche
des garde-pêches, etc.

garden-partie • G20, B2 : des garden-parties
(anglicisme : préférer le terme fête en plein air ou réception extérieure)

gariguette • G17

garrotage
garrote
garroter • D3

gasoil • A4 (anglicisme : on dit et on écrit plutôt gazole ou diésel)

gastro...... • A3 :
gastrocolite
gastroentérite
gastroépiploïque
gastrohépatique
gastronévrose
gastroœsophagien/enne
gastropancréatique
gastropylorique, etc.

> Pour éviter o + i, on met le trait d'union : gastro-intestinal/ale.

RECTIFICATIONS – **A1**, **A2**, **A3** : soudure (avec le préfixe) ; **A4** : soudure (mot étranger ou onomatopée) ; **A5** : soudure ; **A6** : trait d'union ; **B1**, **B2** : singulier et pluriel réguliers ; **C1** : **è** et non **é** ; **C2** : sans accent circonflexe sur **i** ou **u** ; **C3** : tréma sur **u** ; **C4** : accent pour francisation ; **D1** : **-èle** et non **-elle**, ou **-ète** et non **-ette** ; **D2**, **D3** : consonne simple ; **F1**, **F2** : anomalie rectifiée ; **F3** : accent ajouté ; **F4** : **-ill-** au lieu de **-illi-**.

www.**nouvelle**orthographe.info

gâte-...... • B1 :
  un gâte-papie<u>r</u>
  des gâte-papie<u>rs</u>
  un/une gâte-sauc<u>e</u>
  des gâte-sauc<u>es</u>, etc.

gaulth<u>é</u>ria • C4

gélatino...... • A3 :
  <u>gélatino</u>bromure
  <u>gélatino</u>chlorure

g<u>é</u>linotte • F3

générer • C1 :
  je gén<u>è</u>rerai

genestro<u>l</u>e • D3

génio...... • A3 :
  <u>génio</u>glosse
  <u>génio</u>hyoïdien/enne
  <u>génio</u>palatin/ine, etc.

génito...... • A3 :
  <u>génito</u>crural/ale
  <u>génito</u>spinal/ale
  <u>génito</u>surrénal/ale, etc.

  Pour éviter o + i, on met
  le trait d'union :
  gén<u>i</u>to-urinaire.

gentam<u>i</u>cine • G20

gentlem<u>an</u> • B2 :
  des gentlem<u>ans</u>

géomark<u>é</u>ting • C4 (on
  dit aussi géomarketing)

gerb<u>é</u>ra • C4

gérer • C1 :
  je g<u>è</u>rerai

gésir • C2 :
  il g<u>i</u>t

giga...... • A3 :
  <u>giga</u>euro
  <u>giga</u>octet, etc.

giga<u>électron</u>volt • A3,
  G19

<u>giganto</u>cellulaire • A3

giga<u>watt</u>heure • A3,
  G19

gileter • D1 :
  je gil<u>è</u>te
  je gil<u>è</u>terai

ginko (arbre) • G20

gips<u>y</u> • B2 :
  des gips<u>ys</u>

gira<u>f</u>idé • G17

girol<u>e</u> • D3

g<u>i</u>t (il) • C2 (conjugaison
  du verbe gésir)

g<u>i</u>tage • C2

RECOMMANDATIONS – G1 à G20 : il existait au moins deux variantes, il faut choisir la forme la plus simple ou la plus française (**G1** : choisir sans accent ; **G2** : choisir sans **h** ; **G3 à G16** : choisir cette forme plus française ; **G17** : choisir avec la consonne simple ; **G18** : choisir singulier et pluriel réguliers ; **G19** : choisir la soudure ; **G20** : choisir cette forme) ; **G21** : **-eur** au lieu de **-er** ; **G22 à G24** : forme recommandée.   **RÈGLES** : **p. 170.**

gita̱nologie • G23

gi̱te

gi̱ter

gi̱tologie

gi̱tologue • C2

glavio̱ter • D3

glé̱come • G10

gléner • C1 :
je glènerai

globetrotteur/euse
• A4, G21

globo...... • A3 :
globocellulaire

glosso...... • A3 :
glossopharyngé/ée
glossostaphylin/ine
etc.

glouglou • A4

gluco...... • A3 :
glucohexokinase
glucolipide, etc.

glyco...... • A3 :
glycorégulateur/trice
glycoprotéine, etc.

gnaf • G20

gnangnan • G20, A4,
G18 : des gnangnans

gnocchi • B2 :
des gnocchis

gnogno̱te • G17

gobe-cane̱tte • G17,
B1 : des gobe-canettes

gobelèterie • F3
(parfois gobeletterie)

gobelétier/ère • F3
(parfois sous la forme
gobelettier/ère
et on dit aussi
gobeletier/ère)

gobelo̱tage

gobelo̱ter

gobelo̱teur/euse • D3

gobemouche

gobemoucheron • G19

gobe-sou • B1 :
des gobe-sous

gobeter • D1 :
je gobète
je gobèterai

goï • B2 : des goïs
(on écrit aussi
goy, des goys)

golden • B2 :
des goldens

RECTIFICATIONS – **A1**, **A2**, **A3** : soudure (avec le préfixe) ; **A4** : soudure (mot étranger ou onomatopée) ; **A5** : soudure ; **A6** : trait d'union ; **B1**, **B2** : singulier et pluriel réguliers ; **C1** : è et non é ; **C2** : sans accent circonflexe sur i ou u ; **C3** : tréma sur u ; **C4** : accent pour francisation ; **D1** : -èle et non -elle, ou -ète et non -ette ; **D2**, **D3** : consonne simple ; **F1**, **F2** : anomalie rectifiée ; **F3** : accent ajouté ; **F4** : -ill- au lieu de -illi-.

golmote • G17
gonelle • G17
gore • B2 :
des films gores
gorgebleue (oiseau) • G19
gotique (langue) • G2
(ne pas confondre avec gothique : médiéval)
goulache • G13
goulument • C2
gour • B2 : des gours
gourou • G9
gout
gouter
gouteur/euse
gouteux/euse • C2
goute-vin • C2, B1 :
des goute-vins
goutu/ue • C2
gouzigouzi • A4
goy • B2 : des goys
(on écrit aussi goï, des goïs)
graffiti • B2 :
des graffitis
grafigner • G17

grainèterie • F3 (on dit aussi graineterie)
granite • G20
grapho...... • A3 :
graphoanalyse
graphophonétique, etc.
gratte-...... • B1 :
un gratte-ciel
des gratte-ciels
un gratte-langue
des gratte-langues
un gratte-ongle
des gratte-ongles
un/une gratte-papier
des gratte-papiers
un gratte-pied
des gratte-pieds
un gratte-tube
des gratte-tubes, etc.
gratteler • D1 :
je grattèle
je grattèlerai
graveler • D1 :
je gravèle
je gravèlerai
grelotant/ante
grelotement
greloter
grelotière • D3

RECOMMANDATIONS – G1 à G20 : il existait au moins deux variantes, il faut choisir la forme la plus simple ou la plus française (**G1** : choisir sans accent ; **G2** : choisir sans **h** ; **G3 à G16** : choisir cette forme plus française ; **G17** : choisir avec la consonne simple ; **G18** : choisir singulier et pluriel réguliers ; **G19** : choisir la soudure ; **G20** : choisir cette forme) ; **G21** : **-eur** au lieu de **-er** ; **G22 à G24** : forme recommandée. **RÈGLES** : p. 170.

greneler • D1 :
je grenèle
je grenèlerai

gréser • C1 :
je grèserai

grigri • A4

grille-...... • B1 :
un grille-pain
des grille-pains
un grille-saucisse
des grille-saucisses
un grille-saucisson
des grille-saucissons
etc.

> Des grilles-écrans n'est pas touché par la règle B1, car il est formé à partir du nom féminin une grille et non du verbe griller.

gringoter (chanter) • D3

grippe-sou • B1, G18 :
des gens grippe-sous

grippo...... • A3 :
grippotyphosique

griveler • D1 :
je grivèle
je grivèlerai

grizzli • G20, B2 :
des grizzlis

grole • D3

grommèlement • D1

grommeler • D1 :
je grommèle
je grommèlerai

groschen • B2 :
des groschens

grumeler (se) • D1 :
il se grumèle
elle se grumèlera

gruppetto • B2 :
des gruppettos

guarani • B2 :
des guaranis

guécha • G20, C4, G13
(on dit aussi geisha)

guérilléro • C4

guibole • D3

guide-âne • B1 :
des guide-ânes

guide-fil • B1 :
des guide-fils

guilde (au lieu de ghilde ou gilde) • G20

guiliguili • A4

RECTIFICATIONS – A1, **A2**, **A3** : soudure (avec le préfixe) ; **A4** : soudure (mot étranger ou onomatopée) ; **A5** : soudure ; **A6** : trait d'union ; **B1**, **B2** : singulier et pluriel réguliers ; **C1** : è et non é ; **C2** : sans accent circonflexe sur **i** ou **u** ; **C3** : tréma sur **u** ; **C4** : accent pour francisation ; **D1** : -èle et non -elle, ou -ète et non -ette ; **D2**, **D3** : consonne simple ; **F1**, **F2** : anomalie rectifiée ; **F3** : accent ajouté ; **F4** : -ill- au lieu de -illi-.

guilleméter • F3, C1 :
 je guillemèterai
 (à l'infinitif, on dit aussi guillemeter)

guillemeter • D1 :
 je guillemète
 je guillemèterai
 (à l'infinitif, on dit aussi guilleméter)

<u>**guitguit**</u> • A4

guppy • B2 :
 des guppys

<u>**guttapercha**</u> • A4, B2 :
 des guttaperchas

> **Les h disparaissent-ils ?**
> Parfois. En fait, c'est seulement s'il existe déjà deux orthographes pour un même mot : l'une avec h et l'autre sans h.
> La règle G2 choisit sans h (voir pages 186 et 191).

H

habanéra • C4

hach • G13

hache-...... • B1 :
 un hache-herbe
 des hache-herbes
 un hache-légume
 des hache-légumes
 un hache-tabac
 des hache-tabacs
 un hache-viande
 des hache-viandes
 etc.

hachich
hachiché/ée
hachichin/ine
hachichisme • G13

hadj • G20, B2 :
 des hadjs

hadji • G20, B2 :
 des hadjis

halal • G17, B2 :
 des produits halals

<u>**halebas**</u> • G19

hale-breu • B1 :
 des hale-breux

RECOMMANDATIONS – G1 à G20 : il existait au moins deux variantes, il faut choisir la forme la plus simple ou la plus française (**G1** : choisir sans accent ; **G2** : choisir sans **h** ; **G3 à G16** : choisir cette forme plus française ; **G17** : choisir avec la consonne simple ; **G18** : choisir singulier et pluriel réguliers ; **G19** : choisir la soudure ; **G20** : choisir cette forme) ; **G21** : **-eur** au lieu de **-er** ; **G22 à G24** : forme recommandée. **RÈGLES** : p. 170.

hale-cro̱c • B1 :
  des hale-cro̱cs
haleter • D1 :
  je halète
  je halèterai
halv̱a • B2 :
  des halv̱as
handball • A4
haquebute • G11
harakiri • A4
harceler • D1 :
  je harcèle
  je harcèlerai
hardiller (crochet) • F4
harmatan (vent) • G17
hausse-...... • B1 :
  un   hausse-bébé
  des hausse-bébés
  un   hausse-col
  des hausse-cols
  un   hausse-pied
  des hausse-pieds, etc.
hautecontre • A5
hautefidélité • A5
hauteforme • A5
  (on dit aussi
  haut-de-forme)

> Doit-on souder haut... ?
> Doit-on souder haute... ?
>
> Ce ne sont pas tous les mots avec haut(e) qui ont été soudés. Par exemple, haut-commissariat n'est pas changé. Tous les mots soudés sont donnés ici.

hautelice
hautelicier/ère
hautelisse
hautelissier/ère • A5
hautetaille • A5

> Qu'arrive-t-il au pluriel ?
>
> Avec la soudure, le pluriel devient régulier. La marque du pluriel apparait uniquement à la fin du mot. Exemples :
> des hautetailles
> des hautfonds
> des hautparleurs.

hautfond • A5
hautparleur • A5

RECTIFICATIONS – **A1**, **A2**, **A3** : soudure (avec le préfixe) ; **A4** : soudure (mot étranger ou onomatopée) ; **A5** : soudure ; **A6** : trait d'union ; **B1**, **B2** : singulier et pluriel réguliers ; **C1** : è et non é ; **C2** : sans accent circonflexe sur **i** ou **u** ; **C3** : tréma sur **u** ; **C4** : accent pour francisation ; **D1** : **-èle** et non **-elle**, ou **-ète** et non **-ette** ; **D2**, **D3** : consonne simple ; **F1**, **F2** : anomalie rectifiée ; **F3** : accent ajouté ; **F4** : **-ill-** au lieu de **-illi-**.

hébètement • C1
hébéter • C1 :
 j'hébèterai
hectowattheure • G19
héler • C1 :
 je hèlerai
hématidrose • G2
hémato…… • A3 :
 hématoencéphalique
 hématooncologie, etc.
hémi…… • A3 :
 hémiataxie
 hémicellule, etc.
hépato…… • A3 :
 hépatobiliaire
 hépatoentérostomie
 hépatonéphrite
 hépatotoxémie, etc.
herchage
hercher
hercheur/euse • G13
hérédo…… • A3 :
 hérédoprédisposition
 hérédotraumatique
 etc.
héroïcomique • A3

hétéro…… • A3 :
 hétéroanticorps
 hétéroantigène
hic • B2 :
 des hics
hifi • A4, B2 : des hifis
 (anglicisme : préférer
 le terme hautefidélité)
hihan • A4
hippie • G20, B2 :
 des hippies
hobby • B2 : des hobbys
 (anglicisme : préférer
 le terme passetemps)
hochequeue (oiseau)
 • G19
holdup • A4, B2 :
 des holdups
 (anglicisme : préférer
 vol à main armée)
homéo…… • G7 :
 homéopathe
 homéopathie, etc.
homme-sandwich • B2 :
 des hommes-sandwichs
homoncule • G3

RECOMMANDATIONS – G1 à G20 : il existait au moins deux variantes, il faut choisir la forme la plus simple ou la plus française (**G1** : choisir sans accent ; **G2** : choisir sans **h** ; **G3 à G16** : choisir cette forme plus française ; **G17** : choisir avec la consonne simple ; **G18** : choisir singulier et pluriel réguliers ; **G19** : choisir la soudure ; **G20** : choisir cette forme) ; **G21** : **-eur** au lieu de **-er** ; **G22 à G24** : forme recommandée. **RÈGLES** : p. 170.

hoqueter • D1 :
 je hoqu**è**te
 je hoqu**è**terai

hors-…… • B1 :
 un hors-bor**d**
 des hors-bor**ds**
 un/une hors-cas**te**
 des hors-cas**tes**
 un hors-je**u** (voir encadré à droite)
 des hors-je**ux**
 un hors-pis**te**
 des hors-pis**tes**
 un hors-tex**te**
 des hors-tex**tes**, etc.

> Des hors-d'œuvre et des hors-la-loi sont des noms invariables. Ils ne sont pas touchés par la règle B1, puisque leur construction ne correspond pas au modèle de la règle (verbe+nom), en raison des éléments en supplément : d' et la

hotdog • A4, B2 :
 des hotdo**gs** (ce mot est parfois considéré comme un anglicisme)

ho**uligan/ane**
ho**uliganisme** • G9
ho**urra** • G2, G9

> Hors-jeu ou hors jeu ?
>
> La règle B1 touche les noms communs. Lorsqu'il est un nom, hors-jeu (comme les autres noms de type hors-…) prend le trait d'union.
>
> Sinon, il n'en prend pas. Ce joueur est hors jeu : il vient de commettre un hors-jeu (= une faute).

huit • A6 :
 cent-huit
 huit-cents
 huit-mille-huit
 trente-huit-mille
 huit-milliards, etc.

huitante • A6 :
 huitante-et-un
 huitante-et-unième
 cent-huitante
 huitante-mille
 huitante-millions, etc.

RECTIFICATIONS – **A1**, **A2**, **A3** : soudure (avec le préfixe) ; **A4** : soudure (mot étranger ou onomatopée) ; **A5** : soudure ; **A6** : trait d'union ; **B1**, **B2** : singulier et pluriel réguliers ; **C1** : **è** et non **é** ; **C2** : sans accent circonflexe sur **i** ou **u** ; **C3** : tréma sur **u** ; **C4** : accent pour francisation ; **D1** : **-èle** et non **-elle**, ou **-ète** et non **-ette** ; **D2**, **D3** : consonne simple ; **F1**, **F2** : anomalie rectifiée ; **F3** : accent ajouté ; **F4** : **-ill-** au lieu de **-illi-**.

hui̲tre
hui̲trier/ère • C2
hum̲éro...... • A3 :
  hum̲érocubital/ale
  hum̲éroolécranien/enne
  etc.
hydro...... • A3 :
  hydroagricole
  hydrocellulose
  hydrocyclone
  hydroécosystème
  hydroélectricité
  hydroélectrique
  hydroextraction
  hydrojet
  hydroméduse
  hydroremplisseur, etc.
hydrogéner • C1 :
  j'hydrogènerai
hydrolaccoli̲te • G2
hyo...... • A3 :
  hyoglosse
  hyopharyngien/enne
  etc.
hyperémie
hyperémier • G2
hypno...... • A3 :
  hypnoanalyse

hypo...... • A3 :
  hyposcénium
  hypoventilation, etc.
  > Pour éviter o + i, on met le trait d'union :
  > hypo-iodeux/euse.
hypocagne • G10, G1
hypothalamo...... • A3 :
  hypothalamohypophysaire
  etc.
hypothéquer • C1 :
  j'hypothèquerai
hypothético...... • A3 :
  hypothéticodéductif/ive
hystéro...... • A3 :
  hystéroépilepsie

✧

> Les réglages
> des correcteurs
> informatiques
> sont nos meilleurs alliés
> pour rédiger ou corriger
> en nouvelle orthographe
> (voir page 10).

RECOMMANDATIONS – G1 à G20 : il existait au moins deux variantes, il faut choisir la forme la plus simple ou la plus française (**G1** : choisir sans accent ; **G2** : choisir sans h ; **G3 à G16** : choisir cette forme plus française ; **G17** : choisir avec la consonne simple ; **G18** : choisir singulier et pluriel réguliers ; **G19** : choisir la soudure ; **G20** : choisir cette forme) ; **G21** : **-eur** au lieu de **-er** ; **G22 à G24** : forme recommandée. **RÈGLES** : p. 170.

I

j̱ambe
j̱ambique • G1
ictéro...... • A3 :
  ictérohémorragique
idéo...... • A3 :
  idéomoteur/trice
igl̲ou • G9
igniponcture • G3
i̱le • C2
iléo...... • A3 :
  iléocæcal/ale
  iléocytoplastie
  iléorectostomie, etc.
i̱let
i̱lien/enne • C2
ilio...... • A3 :
  iliocostal/ale
  iliolombaire
i̱lot (petite ile)
i̱lotage • C2
i̱lote (esclave)
i̱lotisme • G2
i̱lotier/ère • C2
imbécil̲ité • F1

imbrul̲able
imbrul̲é/ée • C2
immuno...... • A3 :
  immunoadhérence
  immunochimiothérapie
  immunodépression
  immunoempreinte
  immunohématologie
  immunostimulant, etc.

  Pour éviter o + i, on met le trait d'union :
  immuno-inhibition.

impédimenta • C4, B2 : des impédiment̲as
impérium • C4
impétrer • C1 : j'impètrerai
imprégner • C1 : j'imprègnerai
imprésario • C4, B2 : des imprésari̲os
imprimatur̲ • B2 : des imprimatur̲s
incarcérer • C1 : j'incarcèrerai
incinérer • C1 : j'incinèrerai

RECTIFICATIONS – A1, **A2**, **A3** : soudure (avec le préfixe) ; **A4** : soudure (mot étranger ou onomatopée) ; **A5** : soudure ; **A6** : trait d'union ; **B1**, **B2** : singulier et pluriel réguliers ; **C1** : è et non é ; **C2** : sans accent circonflexe sur **i** ou **u** ; **C3** : tréma sur **u** ; **C4** : accent pour francisation ; **D1** : **-èle** et non **-elle**, et non **-ette** ; **D2**, **D3** : consonne simple ; **F1**, **F2** : anomalie rectifiée ; **F3** : accert ajouté ; **F4** : **-ill-** au lieu de **-illi-**.

www.**nouvelle**orthographe.info

incipit • B2 :
  des incipi<u>t</u>s
incongru**ment** • C2
indifférer • C1 :
  j'indiff<u>è</u>rerai
<u>**ind**</u>**ou**, <u>**ind**</u>**oue**
<u>**ind**</u>**ouisme**
<u>**ind**</u>**ouiste** • G2
indu**ment** • C2
in extré**mis** • C4
inférer • C1 :
  j'inf<u>è</u>rerai
<u>**info**</u>**bulle** • G19
<u>**info**</u>**lio** • A4, B2 :
  des infoli<u>os</u>
<u>**informatico**</u>...... • A3 :
  <u>informatico</u>judiciaire
<u>**infra**</u>...... • A2 :
  <u>infra</u>acoustique
  <u>infra</u>alvéolie
  <u>infra</u>liminaire
  <u>infra</u>microscopique
  <u>infra</u>rouge
  <u>infra</u>son
  <u>infra</u>sonore, etc.
ingérer • C1 :
  j'ing<u>è</u>rerai

innomm**able**
innomm**é/ée** • F1
<u>**in**</u>**octavo** • A4, B2 :
  des inoctav<u>os</u>
<u>**in**</u>**plano** • A4, B2 :
  des inplan<u>os</u>
<u>**in**</u>**quarto** • A4, B2 :
  des inquart<u>os</u>
inquiéter • C1 :
  j'inqui<u>è</u>terai
inselberg (butte) • B2 :
  des inselber<u>gs</u>
insérer • C1 :
  j'ins<u>è</u>rerai
<u>**insulino**</u>...... • A3 :
  <u>insulino</u>dépendant/ante
  <u>insulino</u>résistance, etc.
intégrer • C1 :
  j'int<u>è</u>grerai
<u>**inter**</u>...... • A3 :
  <u>inter</u>banque (+G18)
  <u>inter</u>club (+G18)
  <u>inter</u>groupe (+G18)
  <u>inter</u>tropical/ale
  <u>inter</u>zone (+G18)

Inter... avec ou sans s ?
Voir à la page suivante.

RECOMMANDATIONS – G1 à G20 : il existait au moins deux variantes, il faut choisir la forme la plus simple ou la plus française (**G1** : choisir sans accent ; **G2** : choisir sans h ; **G3 à G16** : choisir cette forme plus française ; **G17** : choisir avec la consonne simple ; **G18** : choisir singulier et pluriel réguliers ; **G19** : choisir la soudure ; **G20** : choisir cette forme) ; **G21** : **-eur** au lieu de **-er** ; **G22 à G24** : forme recommandée. **RÈGLES : p. 170.**

> **Inter... avec ou sans s ?**
>
> La règle G18 recommande de choisir le singulier et le pluriel réguliers s'ils sont déjà présents dans certains dictionnaires.
> Exemples :
> un prêt interbanqu<u>e</u>
> des prêts interbanqu<u>es</u>
> une réunion intergroup<u>e</u>
> des réunions intergroup<u>es</u>.

intercéder • C1 :
j'interc<u>è</u>derai

<u>inter</u>**crosse** • G19

interférer • C1 :
j'interf<u>è</u>rerai

intermezz<u>o</u> • B2 :
des intermezz<u>os</u>

interpe<u>l</u>er • D2 :
nous interpe<u>l</u>ons
vous interpe<u>l</u>ez
j'interpe<u>l</u>ais, etc.
(mais : j'interpelle)

interpénétrer (s') • C1 :
ils s'interpén<u>è</u>treront

interpréter • C1 :
j'interpr<u>è</u>terai

interro...... • A3 :
<u>interro</u>négatif/ive

intervieweu<u>r</u>/euse • G21

intra...... • A2 :
<u>intraa</u>rtériel/elle
<u>intraa</u>tomique
<u>intraa</u>uriculaire
<u>intra</u>dermoréaction (+A3)
<u>intraé</u>pithélial/ale
<u>intra</u>hépatique
<u>intra</u>muros
<u>intra</u>oculaire
<u>intra</u>osseux/euse
<u>intra</u>veineux/euse, etc.

> Pour éviter a + i et a + u, on met le trait d'union :
> intra-image
> intra-individuel/elle
> intra-utérin/ine.

inui<u>t</u> (masculin)
inui<u>te</u> (féminin)
• G22, B2 :
des chasseurs inui<u>ts</u>
des sculptures inui<u>tes</u>

RECTIFICATIONS – A1, **A2**, **A3** : soudure (avec le préfixe) ; **A4** : soudure (mot étranger ou onomatopée) ; **A5** : soudure ; **A6** : trait d'union ; **B1**, **B2** : singulier et pluriel réguliers ; **C1** : è et non é ; **C2** : sans accent circonflexe sur **i** ou **u** ; **C3** : tréma sur **u** ; **C4** : accent pour francisation ; **D1** : **-èle** et non **-elle**, ou **-ète** et non **-ette** ; **D2**, **D3** : consonne simple ; **F1**, **F2** : anomalie rectifiée ; **F3** : accent ajouté ; **F4** : **-ill-** au lieu de **-illi-**.

in ut<u>é</u>ro • C4

invétérer • C1 :
j'invét<u>è</u>rerai

<u>i</u>odler • G20

iodo...... • A3 :
<u>iodo</u>organique

iot<u>a</u> • B2 : des iot<u>as</u>

<u>i</u>ourte • G20

ipécacuan<u>a</u> • G2

irido...... • A3 :
<u>irido</u>cyclite
<u>irido</u>diagnostic, etc.

ischio...... • A3 :
<u>ischio</u>caverneux/euse
<u>ischio</u>coccygien/enne

iso...... • A3 :
<u>iso</u>agglutination

<small>Pour éviter o + i, on met le trait d'union :
iso-ionique (parfois on met le tréma : isoïonique).</small>

<u>i</u>sopet • G20

itérer • C1 :
j'it<u>è</u>rerai

✧

J

jachérer • C1 :
je jach<u>è</u>rerai

ja<u>co</u> ou
ja<u>c</u>ot • G10

jambor<u>ée</u> • C4
(on dit aussi jamboree)

ja<u>q</u>ue (jaquette) • G11

ja<u>q</u>uemart • G11

ja<u>q</u>uier (arbre) • G11

jarreter • D1 :
je jarr<u>è</u>te
je jarr<u>è</u>terai

jatak<u>a</u> • B2 :
des jatak<u>as</u>

javeler • D1 :
je jav<u>è</u>le
je jav<u>è</u>lerai

jazzm<u>an</u> • B2 :
des jazzm<u>ans</u>
(anglicisme : préférer le terme musicien ou chanteur de jazz)

jean • B2 :
des jea<u>ns</u>

RECOMMANDATIONS – G1 à G20 : il existait au moins deux variantes, il faut choisir la forme la plus simple ou la plus française (**G1** : choisir sans accent ; **G2** : choisir sans **h** ; **G3 à G16** : choisir cette forme plus française ; **G17** : choisir avec la consonne simple ; **G18** : choisir singulier et pluriel réguliers ; **G19** : choisir la soudure ; **G20** : choisir cette forme) ; **G21** : **-eur** au lieu de **-er** ; **G22 à G24** : forme recommandée. **RÈGLES** : **p. 170.**

jeanfoutre
jeanfoutrerie • A5
jéjunum • C4
jerricane • G20
(anglicisme : préférer un terme tel que bidon)

> Jeter est-il touché ?
>
> Non. Le verbe jeter continue de se conjuguer avec un double t avant un e dit « e muet » : je jette. Il en est de même pour ses composés : rejeter, projeter, etc. La règle D1 ne s'applique pas à ces verbes.

jeuner • C2 :
 nous jeunons
 vous jeunez
 ils jeunent
 je jeunais
 je jeunerai
 jeuné, jeunant, etc.

> L'accent est maintenu uniquement dans les conjugaisons (je) jeûne et (tu) jeûnes, de même que dans le nom jeûne (privation de nourriture) et son pluriel jeûnes, afin d'éviter toute confusion avec jeune (qui n'est pas vieux) et jeunes.

jeuneur/euse • C2
jiujitsu • A4, B2 :
 des jiujitsus
joailler, joaillère • F4
(ce mot rime avec conseiller, conseillère)
jujitsu • A4, B2 :
 des jujitsus
jukebox • A4, B2 :
 des jukebox
 (anglicisme : préférer un terme plus français)
jumeler • D1 :
 je jumèle
 je jumèlerai
juxta...... • A3 :
 juxtaarticulaire
 juxtaépiphysaire
 juxtaosseux/euse, etc.

RECTIFICATIONS – A1, **A2**, **A3** : soudure (avec le préfixe) ; **A4** : soudure (mot étranger ou onomatopée) ; **A5** : soudure ; **A6** : trait d'union ; **B1**, **B2** : singulier et pluriel réguliers ; **C1** : è et non é ; **C2** : sans accent circonflexe sur i ou u ; **C3** : tréma sur u ; **C4** : accent pour francisation ; **D1** : -èle et non -elle, ou -ète et non -ette ; **D2**, **D3** : consonne simple ; **F1**, **F2** : anomalie rectifiée ; **F3** : accent ajouté ; **F4** : -ill- au lieu de -illi-.

K

kak<u>é</u>mono • C4
kalm<u>ouk</u> (masculin)
kalm<u>ouke</u> (féminin)
  • G9, G12
<u>k</u>an (titre mongol ou caravansérail) • G2
kan<u>a</u> (caractère japonais)
  • B2 : des kan<u>as</u>
<u>k</u>anat (comme kan) • G2
kapp<u>a</u> • B2 :
  des kapp<u>as</u>
karatéka • C4
kaya<u>k</u> • B2 :
  des kaya<u>ks</u>
k<u>é</u>bab • C4
k<u>é</u>fi<u>é</u> • G20
k<u>é</u>fir • G16, G20
k<u>é</u>plérien/enne • C4
k<u>é</u>rato...... • A3 :
  <u>kérato</u>conjonctival/ale
  <u>kérato</u>conjonctivite
kh<u>i</u> (lettre grecque)
  • B2 : des kh<u>is</u>

kibbout<u>z</u> • B2 :
  des kibbout<u>z</u>
kidnapp<u>eur</u>/euse
  • G21
kieselgu<u>r</u> • G2
kié<u>s</u>érite • C4
<u>kif</u>kif • A4
kik<u>ou</u>you • G9
kilo...... • A3 :
  <u>kilo</u>euro
  <u>kilo</u>octet
kilométrer • C1 :
  je kilom<u>è</u>trerai
kilo<u>volt</u>ampère • G19
kilo<u>watt</u>heure • G19
<u>k</u>inball • A4
kipp<u>a</u> (calotte) • B2 :
  des kipp<u>as</u>
kir<u>ch</u> • G13
kit<u>ch</u> • G13, B2 :
  des bibelots kit<u>chs</u>
<u>k</u>nockou<u>t</u> • A4, B2 :
  des knockou<u>ts</u>
kolkho<u>ze</u> • B2 :
  des kolkho<u>zes</u>

RECOMMANDATIONS – G1 à G20 : il existait au moins deux variantes, il faut choisir la forme la plus simple ou la plus française (**G1** : choisir sans accent ; **G2** : choisir sans h ; **G3 à G16** : choisir cette forme plus française ; **G17** : choisir avec la consonne simple ; **G18** : choisir singulier et pluriel réguliers ; **G19** : choisir la soudure ; **G20** : choisir cette forme) ; **G21** : **-eur** au lieu de **-er** ; **G22 à G24** : forme recommandée. **RÈGLES** : p. 170.

kouba • G17, G2
koumis • G20
ksar (lieu fortifié) • B2 : des ksars
kshatriya • G20, B2 : des kshatriyas
ksi (lettre grecque) • B2 : des ksis (on écrit aussi xi)
kungfu • A4, B2 : des kungfus

> **Laisser et son participe**
>
> Le participe passé laissé suivi d'un verbe à l'infinitif est invariable.
>
> On peut voir cette règle et des exemples aux pages 182-183 (règle E).
>
> C'est la seule modification apportée à la règle d'accord du participe passé.

L

labio...... • A3 : labiodental/ale
laccolite
laccolitique • G2
lacérer • C1 : je lacèrerai
lacrymo...... • A3 : lacrymonasal/ale
lacto...... • A3 : lactodensimètre
lady • B2 : des ladys
laguillère • F4
laiche • C2
laie (musique : partie d'un orgue) • G20
laissé • Règle E (voir l'encadré à gauche)
lambda • B2 : des lambdas
lambic • G10
lance-...... • B1 : un lance-balle / des lance-balles

RECTIFICATIONS – A1, A2, A3 : soudure (avec le préfixe) ; **A4** : soudure (mot étranger ou onomatopée) ; **A5** : soudure ; **A6** : trait d'union ; **B1, B2** : singulier et pluriel réguliers ; **C1** : è et non é ; **C2** : sans accent circonflexe sur **i** ou **u** ; **C3** : tréma sur **u** ; **C4** : accent pour francisation ; **D1** : **-èle** et non **-elle**, ou **-ète** et non **-ette** ; **D2, D3** : consonne simple ; **F1, F2** : anomalie rectifiée ; **F3** : accent ajouté ; **F4** : **-ill-** au lieu de **-illi-**.

un lance-bombe
des lance-bombes
un lance-flamme
des lance-flammes
un lance-fusée
des lance-fusées
un lance-grenade
des lance-grenades
un lance-missile
des lance-missiles
un lance-pierre
des lance-pierres
un lance-torpille
des lance-torpilles, etc.

land • B2 :
des lands

langueter • D1 :
je languète
je languèterai

lapilli • B2 :
des lapillis

lapon, lapone • G17

lapsus • B2 :
des lapsus

larghetto • B2 :
des larghettos

largo • B2 :
des largos

laryngo...... • A3 :
laryngotrachéal/ale
laryngotrachéotomie
etc.

lasagne • B2 :
des lasagnes

latéro...... • A3 :
latéroflexion
latérolatéral/ale, etc.

latifundium • B2 :
des latifundiums

lave-...... • B1 :
un lave-auto
des lave-autos
un lave-linge
des lave-linges
un lave-main
des lave-mains
un lave-tête
des lave-têtes
un lave-vaisselle
des lave-vaisselles
un lave-vitre
des lave-vitres, etc.

lazarone ou
lazzarone • B2 :
des lazarones ou
des lazzarones
(deux prononciations)

RECOMMANDATIONS – G1 à G20 : il existait au moins deux variantes, il faut choisir la forme la plus simple ou la plus française (**G1** : choisir sans accent ; **G2** : choisir sans h ; **G3 à G16** : choisir cette forme plus française ; **G17** : choisir avec la consonne simple ; **G18** : choisir singulier et pluriel réguliers ; **G19** : choisir la soudure ; **G20** : choisir cette forme) ; **G21** : **-eur** au lieu de **-er** ; **G22 à G24** : forme recommandée.   **RÈGLES : p. 170.**

lazz<u>i</u> • B2 :
des lazz<u>is</u>

lèche-...... • B1 :
un/une lèche-bot<u>te</u>
des lèche-bot<u>tes</u>
un/une lèche-c<u>ul</u>
des lèche-c<u>uls</u>
un lèche-vit<u>re</u>
des lèche-vit<u>res</u>
un lèche-vitri<u>ne</u>
des lèche-vitri<u>nes</u>, etc.

lécher • C1 :
je l<u>è</u>cherai

légat<u>o</u> • C4, B2 :
des légat<u>os</u>

légiférer • C1 :
je légif<u>è</u>rerai

léguer • C1 :
je l<u>è</u>guerai

leitmoti<u>v</u> • B2 :
des leitmoti<u>vs</u>

lent<u>o</u> • B2 :
des lent<u>os</u>

lépidoli<u>te</u> • G2

lépidosir<u>è</u>ne • G20

lèse-humanit<u>é</u> • B1 :
des lèse-humanit<u>és</u>

lèse-majest<u>é</u> • B1 :
des lèse-majest<u>és</u>

léser • C1 :
je l<u>è</u>serai

letton, letton<u>e</u> • G17

leuco...... • A3 :
<u>leucoc</u>olorant
<u>leucoe</u>ncéphalite, etc.

lève-...... • B1 :
un lève-cu<u>ve</u>
des lève-cu<u>ves</u>
un lève-gaz<u>on</u>
des lève-gaz<u>ons</u>
un lève-glace
des lève-glaces
un lève-palet<u>te</u>
des lève-palet<u>tes</u>
un lève-tu<u>be</u>
des lève-tu<u>bes</u>
un lève-vitre
des lève-vit<u>res</u>, etc.

> Des lève-tard ainsi que des lève-tôt restent invariables. Ils ne sont pas touchés par la règle B1, car ils sont formés de tard et de tôt, qui sont des adverbes et non des noms variables.

RECTIFICATIONS – A1, **A2**, **A3** : soudure (avec le préfixe) ; **A4** : soudure (mot étranger ou onomatopée) ; **A5** : soudure ; **A6** : trait d'union ; **B1**, **B2** : singulier et pluriel réguliers ; **C1** : è et non é ; **C2** : sans accent circonflexe sur **i** ou **u** ; **C3** : tréma sur **u** ; **C4** : accent pour francisation ; **D1** : **-èle** et non **-elle**, ou **-ète** et non **-ette** ; **D2**, **D3** : consonne simple ; **F1**, **F2** : anomalie rectifiée ; **F3** : accent ajouté ; **F4** : **-ill-** au lieu de **-illi-**.

levr<u>eau</u> • F2
lexico...... • A3 :
  <u>lexico</u>stylistique
li (mesure chinoise)
  • B2 : des li<u>s</u>
lian<u>o</u> • G22, B2 :
  des lian<u>os</u>
libérer • C1 :
  je lib<u>è</u>rerai
lib<u>é</u>ro (nom, domaine du sport) • C4
lib<u>é</u>ro...... (préfixe) • A3 :
  lib<u>é</u>roligneux/euse
librett<u>o</u> • B2 :
  des librett<u>os</u>
lie<u>d</u> • B2 :
  des lie<u>ds</u>
liéger • C1 :
  je li<u>è</u>gerai
lieu<u>d</u>it • G19
lignerol<u>e</u> • D3
lim<u>è</u>s • C4
ling<u>a</u> • B2 :
  des ling<u>as</u>
ling<u>a</u>m • B2 :
  des ling<u>a</u>ms

linol<u>éu</u>m • C4, B2 :
  des linoléu<u>m</u>s
lipo...... • A3 :
  <u>lipo</u>atrophie
  <u>lipo</u>atrophique, etc.
li<u>s</u> • G20
lisérer • C1 :
  je lis<u>è</u>rerai
listér<u>ia</u> • C4, B2 :
  des listéria<u>s</u>
li<u>t</u>chi • G20
  (on dit aussi letchi)
li<u>t</u>uanien/enne • G2
liv<u>é</u>do • C4
lobb<u>y</u> • B2 : des lobby<u>s</u>
  (anglicisme : préférer un terme plus français)
lock<u>ou</u>t • A4, B2 :
  des lockout<u>s</u>
  (anglicisme : préférer un terme plus français)
logico...... • A3 :
  <u>logico</u>historique
  <u>logico</u>mathématique
  <u>logico</u>positivisme, etc.
l<u>o</u>mbago • G4
  (on dit aussi lumbago)

RECOMMANDATIONS – G1 à G20 : il existait au moins deux variantes, il faut choisir la forme la plus simple ou la plus française (**G1** : choisir sans accent ; **G2** : choisir sans **h** ; **G3 à G16** : choisir cette forme plus française ; **G17** : choisir avec la consonne simple ; **G18** : choisir singulier et pluriel réguliers ; **G19** : choisir la soudure ; **G20** : choisir cette forme) ; **G21** : **-eur** au lieu de **-er** ; **G22 à G24** : forme recommandée. **RÈGLES : p. 170.**

lombo...... • A3 :
  lombosacré/ée
  lombosciatique, etc.

loqueter • D1 :
  je loqu<u>è</u>te
  je loqu<u>è</u>terai

lorr<u>y</u> • B2 :
  des lorr<u>y</u>s

lo<u>t</u>e • G17

loupio<u>t</u>e • G17

louveter • D1 :
  je louv<u>è</u>te
  je louv<u>è</u>terai

louv<u>è</u>terie • F3 (on dit aussi louveterie)

ludo...... • A3 :
  <u>ludoé</u>ducatif/ive

lun<u>ch</u> • B2 : des lun<u>ch</u>s

lune<u>t</u>ier/ère • D2 (on dit aussi lunettier/ère)

<u>lun</u>isolaire • A3

lympho...... • A3 :
  <u>lympho</u>énergique

✧

M

macaron<u>i</u> • B2 :
  des macaron<u>i</u>s

macérer • C1 :
  je mac<u>è</u>rerai

mâche-...... • B1 :
  un mâche-bouch<u>on</u>
  des mâche-bouch<u>ons</u>

macro...... • A3 :
  <u>macro</u>architecture
  <u>macro</u>économie
  <u>macro</u>économique
  <u>macro</u>élément
  <u>macro</u>étape
  <u>macro</u>évolution
  <u>macro</u>orchidie
  <u>macro</u>organisme
  <u>macro</u>social/ale, etc.

> Pour éviter o + i, on met le trait d'union :
> macro-informatique
> macro-instruction.

macronucl<u>éus</u> • C4, B2 : des macronucl<u>éus</u>

madras<u>a</u> • B2 :
  des madras<u>as</u>

✧

RECTIFICATIONS – **A1**, **A2**, **A3** : soudure (avec le préfixe) ; **A4** : soudure (mot étranger ou onomatopée) ; **A5** : soudure ; **A6** : trait d'union ; **B1**, **B2** : singulier et pluriel réguliers ; **C1** : è et non é ; **C2** : sans accent circonflexe sur **i** ou **u** ; **C3** : tréma sur **u** ; **C4** : accent pour francisation ; **D1** : **-èle** et non **-elle**, ou **-ète** et non **-ette** ; **D2**, **D3** : consonne simple ; **F1**, **F2** : anomalie rectifiée ; **F3** : accent ajouté ; **F4** : **-ill-** au lieu de **-illi-**.

maerl (sédiment) • G1
(on dit aussi merl en ce sens ; ne pas confondre avec merle, l'oiseau)

mafia

mafieux/euse • G17

mafioso • G17, B2 : des mafiosos

magico...... • A3 : magicoreligieux/euse

magnéto...... • A3 : magnétoélectrique

magrébin/ine • G2

maharadja • G20, G2, B2 : des maharadjas

maharané ou
maharani • B2 :
des maharanés ou des maharanis

mainforte • A5

maitre
maitre-à-danser
maitre-autel
maitre-chien
maitre-coq
maitre-couple
maitre-cylindre
maitre-penseur

maitre-penseuse
maitresse
maitrisable
maitrise
maitriser • C2

majong • A4, G2

major • G18 : des sergents-majors

mal...... • A5 ou G19 :
malaimé/ée
malêtre
malfaire
malfamé/ée
maljugé (nom masculin)
etc.

malstrom ou
malström • G20
(deux prononciations)

mamelouk • G9

mamie (mon amie) • G20

mamie (grand-maman) • G17, G20

manageur/euse • G21
(anglicisme : préférer un terme plus français)

manéger • C1 :
je manègerai

RECOMMANDATIONS – G1 à G20 : il existait au moins deux variantes, il faut choisir la forme la plus simple ou la plus française (**G1** : choisir sans accent ; **G2** : choisir sans **h** ; **G3 à G16** : choisir cette forme plus française ; **G17** : choisir avec la consonne simple ; **G18** : choisir singulier et pluriel réguliers ; **G19** : choisir la soudure ; **G20** : choisir cette forme) ; **G21** : **-eur** au lieu de **-er** ; **G22 à G24** : forme recommandée.   **RÈGLES** : **p. 170.**

mange-...... • B1 :
un mange-disque
des mange-disques
un mange-maringouin
des mange-maringouins

mangeoter • D3

mangetout • A5

mangeüre (rare) • C3

maniaco...... • A3 :
maniacodépressif/ive

manicordion • G10

manicoti • B2 :
des manicotis

maniérer • C1 :
je manièrerai

maous (masculin)
maousse (féminin) • G2

maque (outil à broyer)
maquer • G11

maraichage
maraiche
maraicher/ère
maraichin/ine • C2

marathe • G20

marengo • B2 :
des marengos

margoter • D3

marguiller
marguillère • F4

maringote • G17

mariole • D3

mark (monnaie) • B2 :
des marks

marketer • D1 :
je markète
je markèterai
(à l'infinitif, on dit aussi
markéter ; ce mot
signifie appliquer le
marketing, ne pas con-
fondre avec marqueter)

markéter • C4, C1 :
je markèterai
(à l'infinitif, on dit aussi
marketer ; ce mot
signifie appliquer le
markéting, ne pas con-
fondre avec marqueter)

markéteur/euse • C4
(on dit aussi
marketeur/euse)

markéting • C4
(on dit aussi marketing)

marque-page • B1 :
des marque-pages

RECTIFICATIONS – **A1**, **A2**, **A3** : soudure (avec le préfixe) ; **A4** : soudure (mot étranger ou onomatopée) ; **A5** : soudure ; **A6** : trait d'union ; **B1**, **B2** : singulier et pluriel réguliers ; **C1** : è et non é ; **C2** : sans accent circonflexe sur i ou u ; **C3** : tréma sur u ; **C4** : accent pour francisation ; **D1** : -èle et non -elle, ou -ète et non -ette ; **D2**, **D3** : consonne simple ; **F1**, **F2** : anomalie rectifiée ; **F3** : accent ajouté ; **F4** : -ill- au lieu de -illi-.

marqueter • D1 :
je marqu**è**te
je marqu**è**terai
(ce mot signifie décorer, couvrir ; ne pas le confondre avec marketer ou markéter)

marquèterie • F3 (on dit aussi marqueterie)

martèlement • D1

mass média • C4, B2 :
des mass médi**as**
(anglicisme : préférer le terme médias de masse)

match • B2 :
des mat**ch**s

mateau (rare) • G17

matefaim • G18 :
des matefai**m**s

materno...... • A3 :
materno_thérapie

maxi...... • A3 :
maxi_jupe
maxi_manteau

maxima • B2 :
des maxim**as**

maximum • B2 :
des maxim**um**s

maya • B2 :
des temples may**as**

mécano...... • A3 :
mécano_assemblé/ée
mécano_chimique
mécano_soudage, etc.

mécher • C1 :
je m**è**cherai

méconnaitre • C2 :
il méconna**i**t
je méconna**i**trai

médailler (meuble ou collection de médailles)
• F4 (ne pas confondre avec médaillé/ée)

Médecin est-il touché ?

Non. L'accent des mots médecin et médecine est inchangé. Ces mots sont exclus de la règle C1, selon le Conseil supérieur de la langue française.

---

médersa • C4, B2 :
des médersa**s**

média • C4, B2 :
des médi**as**

RECOMMANDATIONS – G1 à G20 : il existait au moins deux variantes, il faut choisir la forme la plus simple ou la plus française (**G1** : choisir sans accent ; **G2** : choisir sans **h** ; **G3 à G16** : choisir cette forme plus française ; **G17** : choisir avec la consonne simple ; **G18** : choisir singulier et pluriel réguliers ; **G19** : choisir la soudure ; **G20** : choisir cette forme) ; **G21** : **-eur** au lieu de **-er** ; **G22 à G24** : forme recommandée.   **RÈGLES : p. 170.**

Nouvelle orthographe : la liste simplifiée

médico...... • A3 :
 médicoactuariel/elle
 médicoéducatif/ive
 médicohospitalier/ère
 médicolégal/ale
 médicopédagogique
 médicosocial/ale
 médicotechnique
 médicovétérinaire, etc.

médio...... • A3 :
 médioocéanique, etc.

médullo...... • A3 :
 médulloépithéliome
 médullostimuline, etc.

méga...... • A3 :
 mégaeuro
 mégaévènement (+C1)
 mégaoctet, etc.

méhalla • C4

méhari • B2 :
 des méharis

meitnérium • C4

mélano...... • A3 :
 mélanoaméloblastome
 mélanoépithéliome
 mélanostimuline, etc.

melba • B2 :
 des poires melbas

méléna • C4, G5

mêletout • A5

mélimélo • A4

melkite • G12

mellah • G1

mémento • C4

mémérer • C1 :
 je mémèrerai

mémorandum • C4, B2 :
 des mémorandums

menchévique • C4, G11

ménin/ine • C4

méningo...... • A3 :
 méningoangiomatose
 méningoencéphalite
 méningomyélite
 méningooculofacial/ale
 méningotyphus, etc.

mésa • C4

mésinterpréter • C1 :
 je mésinterprèterai

méso...... • A3 :
 mésoaméricain/aine
 mésosens, etc.

 Pour éviter o + i, on met
 le trait d'union :
 méso-inositol.

RECTIFICATIONS – **A1**, **A2**, **A3** : soudure (avec le préfixe) ; **A4** : soudure (mot étranger ou onomatopée) ; **A5** : soudure ; **A6** : trait d'union ; **B1**, **B2** : singulier et pluriel réguliers ; **C1** : è et non é ; **C2** : sans accent circonflexe sur i ou u ; **C3** : tréma sur u ; **C4** : accent pour francisation ; **D1** : -èle et non -elle, ou -ète et non -ette ; **D2**, **D3** : consonne simple ; **F1**, **F2** : anomalie rectifiée ; **F3** : accent ajouté ; **F4** : -ill- au lieu de -illi-.

messoir • F2

méta...... • A3 :
méta<u>c</u>ommunication etc.

métrer • C1 :
je m<u>è</u>trerai

métror<u>r</u>agie • G2

<u>**mezzosoprano**</u> • A4, B2 : des mezzosopran<u>os</u>

<u>**mezzotinto**</u> • A4, B2 : des mezzotint<u>os</u>

<u>**miammiam**</u> • A4

micro...... (préfixe) • A3 :
<u>micro</u>aiguille
<u>micro</u>ampère
<u>micro</u>ampèremètre
<u>micro</u>analyse
<u>micro</u>brasserie
<u>micro</u>économie
<u>micro</u>élément
<u>micro</u>encapsulage
<u>micro</u>onde (petite onde)
<u>micro</u>onde (four)
<u>micro</u>ordinateur
<u>micro</u>organisme, etc.

> Pour éviter o + i, on met le trait d'union :
> micro-informatique.

> Quel type de micro ?
>
> Si micro est l'abréviation du mot microphone, les dictionnaires maintiennent le trait d'union (il n'a pas alors la valeur d'un préfixe) :
> un micro-casque
> des micros-casque<u>s</u>
> un micro-cravate
> des micr<u>os</u>-cravate<u>s</u>
> un micro-trottoir
> des micr<u>os</u>-trottoir<u>s</u>.

microli<u>t</u>e
microli<u>t</u>ique • G2

micronucl<u>éus</u> • C4, B2 : des micronucl<u>éus</u>

midra<u>sh</u> • B2 : des midra<u>shs</u>

mihr<u>a</u>b • G1

milad<u>y</u> • B2 : des milad<u>ys</u>

<u>**milkshake**</u> • A4, B2 : des milkshake<u>s</u> (anglicisme : préférer lait fouetté ou frappé)

RECOMMANDATIONS – **G1** à **G20** : il existait au moins deux variantes, il faut choisir la forme la plus simple ou la plus française (**G1** : choisir sans accent ; **G2** : choisir sans **h** ; **G3 à G16** : choisir cette forme plus française ; **G17** : choisir avec la consonne simple ; **G18** : choisir singulier et pluriel réguliers ; **G19** : choisir la soudure ; **G20** : choisir cette forme) ; **G21** : **-eur** au lieu de **-er** ; **G22 à G24** : forme recommandée. **RÈGLES** : p. 170.

mille • A6 :
 mille-un
 mille-et-une nuits
 mille-et-unième fois
 mille-deux
 deux-mille
 trois-mille-trente-huit
 cinq-cent-mille
 mille-millions, etc.

mille...... • A5 ou G19 :
 <u>mille</u>feuille
 <u>mille</u>fleur
 <u>mille</u>patte
 <u>mille</u>pertuis
 <u>mille</u>raie

milléfiori • C4, B2 :
 des milléfior<u>is</u>

milliard • A6 :
 un-milliard
 un-milliard-cinquante
 trois-milliards
 sept-milliards-huit
 cent-milliards d'euros
 six-cent-milliards, etc.

milliardième • A6 :
 le six-milliardième
 habitant (6 000 000 000ᵉ)
 onze six-milliardièmes
 (11/6 000 000 000), etc.

millième • A6 :
 la trois-millième fois
 (la 3 000ᵉ fois), treize
 vingt-cinq-millièmes
 (13/25 000), etc.

million • A6 :
 un-million
 un-million-dix
 deux-millions
 deux-millions-soixante
 cent-millions de dollars
 six-cent-millions, etc.

millionième • A6 :
 le deux-millionième
 visiteur (le 2 000 000ᵉ)
 sept deux-millionièmes
 (7/2 000 000), etc.

mini...... • A3 :
 <u>mini</u>application
 <u>mini</u>carte
 <u>mini</u>chaine (+C2)
 <u>mini</u>croissant
 <u>mini</u>entrepôt
 <u>mini</u>extraction
 <u>mini</u>golf
 <u>mini</u>invasif/ive
 <u>mini</u>jupe
 <u>mini</u>ordinateur
 <u>mini</u>test, etc.

RECTIFICATIONS – **A1**, **A2**, **A3** : soudure (avec le préfixe) ; **A4** : soudure (mot étranger ou onomatopée) ; **A5** : soudure ; **A6** : trait d'union ; **B1**, **B2** : singulier et pluriel réguliers ; **C1** : è et non é ; **C2** : sans accent circonflexe sur i ou u ; **C3** : tréma sur u ; **C4** : accent pour francisation ; **D1** : **-èle** et non **-elle**, ou **-ète** et non **-ette** ; **D2**, **D3** : consonne simple ; **F1**, **F2** : anomalie rectifiée ; **F3** : accent ajouté ; **F4** : **-ill-** au lieu de **-illi-**.

minim<u>a</u> • B2 :
des minim<u>as</u>

minim<u>um</u> • B2 :
des minim<u>ums</u>

mire-...... • B1 :
un mire-œu<u>f</u>
des mire-œu<u>fs</u>
un mire-vi<u>n</u>
des mire-vi<u>ns</u>, etc.

> Des mires-étoiles et des mires-tests ne sont pas touchés par la règle B1, car ils sont formés à partir du nom féminin une mire et non du verbe mirer.

mi̱rmidon • G20

mis<u>s</u> • B2 :
des mis<u>s</u>

mix<u>eur</u>/euse • G21
(anglicisme : selon le sens voulu, préférer un terme tel que malaxeur, mélangeur, batteur, bétonnière...)

mo<u>c</u>o (marin) • G10

modérat<u>o</u> • C4, B2 :
des modérat<u>os</u>

modérer • C1 :
je modèrerai

modus opérandi • C4

moello̱nage • G17

molet<u>a</u>ge • D2

moleter • D1 :
je mol<u>è</u>te
je mol<u>è</u>terai

mono...... • A3 :
<u>mono</u>amine
<u>mono</u>atomique
<u>mono</u>bloc (+G18)
<u>mono</u>objectif
<u>mono</u>parental/ale
<u>mono</u>rail (+G18)
<u>mono</u>saccaride (+F2)
<u>mono</u>substitué/ée, etc.

> Pour éviter o + i et o + u, on met le trait d'union :
> mono-inducteur
> mono-insaturé/ée
> mono-iodotyosine
> mono-usager
> mono-utilisateur.

> Mono... avec ou sans s ?
> Voir à la page suivante.

RECOMMANDATIONS – G1 à G20 : il existait au moins deux variantes, il faut choisir la forme la plus simple ou la plus française (**G1** : choisir sans accent ; **G2** : choisir sans h ; **G3 à G16** : choisir cette forme plus française ; **G17** : choisir avec la consonne simple ; **G18** : choisir singulier et pluriel réguliers ; **G19** : choisir la soudure ; **G20** : choisir cette forme) ; **G21** : -eur au lieu de -er ; **G22 à G24** : forme recommandée. **RÈGLES : p. 170.**

> Mono... avec ou sans s ?
>
> La règle G18 recommande de choisir le singulier et le pluriel réguliers s'ils sont déjà présents dans certains dictionnaires.
> Exemples :
> un appareils monobloc
> des appareils monoblocs
> un monorail
> des monorails.

monoï • B2 :
des monoïs

monorème • G2

monsignor • G20, B2 :
des monsignors

monte-...... • B1 :
un monte-bagage
des monte-bagages
un monte-charge
des monte-charges
un monte-fut (+C2)
des monte-futs (+C2)
un monte-glace
des monte-glaces
un monte-pente
des monte-pentes
un monte-plat
des monte-plats
un monte-sac
des monte-sacs, etc.

montjoie • G19

morcèlement • D1

morceler • D1 :
je morcèle
je morcèlerai

morène • G17

morigéner • C1 :
je morigènerai

morpho...... • A3 :
morphosémantique
morphosyntaxe, etc.

moto...... • A3 :
motomarine
motoneige, etc.

motocross • A4, B2 :
des motocross

moucharabié • G20

moucherole • D3

moucheter • D1 :
je mouchète
je mouchèterai

moudjahid • B2 :
des moudjahids

RECTIFICATIONS – **A1**, **A2**, **A3** : soudure (avec le préfixe) ; **A4** : soudure (mot étranger ou onomatopée) ; **A5** : soudure ; **A6** : trait d'union ; **B1**, **B2** : singulier et pluriel réguliers ; **C1** : è et non é ; **C2** : sans accent circonflexe sur i ou u ; **C3** : tréma sur u ; **C4** : accent pour francisation ; **D1** : -èle et non -elle, ou -ète et non -ette ; **D2**, **D3** : consonne simple ; **F1**, **F2** : anomalie rectifiée ; **F3** : accent ajouté ; **F4** : -ill- au lieu de -illi-.

moudjahidine • G17, G20, B2 :
des moudjahidines

moufeter • G17, D1 :
je moufète
je moufèterai

moufette • G17

mouflet/ette • G17

mouquère • G11

mousmée • G20

mousquèterie • F3 (on dit aussi mousqueterie)

mout • C2

mouvoir • C2 :
mu (participe passé)
mus, mue, mues

mu (lettre grecque)
• B2 : des mus

muco...... • A3 :
mucomembraneux/euse
mucopolysaccaride (+F2)
mucopurulence, etc.

muesli • G1
(on dit aussi musli)

muézine ou
muezzine • G20

mufti • G16

mugueter • D1 :
je muguète
je muguèterai

muléta • C4

mulla • G2

multi...... • A3 :
multicritère (+G18)
multiétage (+G18)
multiethnique
multifacette (+G18)
multifichier (+G18)
multifonction (+G18)
multigrain (+G18)
multiinstrumentiste
multijoueur (+G18)
multiniveau (+G18)
multiplateforme (+G19, G18)
multipoint (+G18)
multipropriété
multisectoriel/elle
multiservice (+G18)
multisport (+G18)
multitâche (+G18)
multiusager
multiutilisateur, etc.

Multi... avec ou sans s ?
Voir à la page suivante.

RECOMMANDATIONS – G1 à G20 : il existait au moins deux variantes, il faut choisir la forme la plus simple ou la plus française (**G1** : choisir sans accent ; **G2** : choisir sans **h** ; **G3 à G16** : choisir cette forme plus française ; **G17** : choisir avec la consonne simple ; **G18** : choisir singulier et pluriel réguliers ; **G19** : choisir la soudure ; **G20** : choisir cette forme) ; **G21** : **-eur** au lieu de **-er** ; **G22 à G24** : forme recommandée.   **RÈGLES** : p. 170.

> **Multi... avec ou sans s ?**
>
> La règle G18 recommande de choisir le singulier et le pluriel réguliers s'ils sont déjà présents dans certains dictionnaires.
>
> Exemples :
>
> un pain multigra<u>in</u>
> des pains multigra<u>ins</u>
> une salle multispor<u>t</u>
> des salles multispor<u>ts</u>.

mûr, mûrs (masculin)
mûre, mûres (féminin)
• C2

> L'adjectif mûr (qui a atteint la maturité) suit la même règle que celle du participe passé dû : l'accent est maintenu sur le masculin singulier seulement : mûr.

m<u>u</u>raie (plantation)
m<u>u</u>re (petit fruit)
m<u>u</u>rement
m<u>u</u>reraie (plantation)
m<u>u</u>rier
m<u>u</u>rir
m<u>u</u>rissage
m<u>u</u>rissant/ante
m<u>u</u>rissement
m<u>u</u>risserie
m<u>u</u>ron • C2

musculo...... • A3 :
<u>musculo</u>squelettique
<u>musculo</u>cutané/ée, etc.

musèlement • D1
museler • D1 :
je musèle
je musèlerai

museroie • D3

musli • G1, G20
(on dit aussi muesli)

myélo...... • A3 :
<u>myélo</u>araphie
<u>myélo</u>architectonie

mylo...... • A3 :
<u>mylo</u>hyoïdien/enne

myo...... • A3 :
<u>myo</u>esthésimètre

myxo...... • A3 :
<u>myxo</u>fibrome

RECTIFICATIONS – **A1**, **A2**, **A3** : soudure (avec le préfixe) ; **A4** : soudure (mot étranger ou onomatopée) ; **A5** : soudure ; **A6** : trait d'union ; **B1**, **B2** : singulier et pluriel réguliers ; **C1** : è et non é ; **C2** : sans accent circonflexe sur **i** ou **u** ; **C3** : tréma sur **u** ; **C4** : accent pour francisation ; **D1** : **-èle** et non **-elle**, ou **-ète** et non **-ette** ; **D2**, **D3** : consonne simple ; **F1**, **F2** : anomalie rectifiée ; **F3** : accent ajouté ; **F4** : **-ill-** au lieu de **-illi-**.

> **Nénufar s'écrit maintenant avec f.**
> **Le français devient-il une écriture phonétique ?**
>
> Non. On ne transforme pas les mots pour les écrire phonétiquement.
>
> Les ph (philosophie, éléphant, pharmacie…) sont inchangés, sauf dans le cas de nénufar. C'est le seul mot dont le ph est changé en f (règle F2 et voir aussi règle G16).
>
> Nénufar s'écrivait déjà avec f dans le dictionnaire de l'Académie française par les siècles passés, mais cette variante a disparu par erreur en 1935.
>
> Ce mot vient du perse nînûfar. Il reprend son f étymologique.

N

nagari • G1, C2
naitre • C2 :
  elle nait
  je naitrai
nano…… • A3 :
  nanoobjet
  nanooptique
narco…… • A3 :
  narcoanalyse
  narcodollar
  narcoéconomie, etc.
narguilé • G20
naso…… • A3 :
  nasogastrique
  nasolabial/ale
  nasopharynx, etc.
néandertalien/enne
néandertaloïde • G2
négondo • C4, G3
négrospiritual • A4, C4
nélombo • C4, G4, B2 :
  des nélombos
nénufar • F2 (*voir l'encadré à gauche*)

RECOMMANDATIONS – G1 à G20 : il existait au moins deux variantes, il faut choisir la forme la plus simple ou la plus française (**G1** : choisir sans accent ; **G2** : choisir sans **h** ; **G3 à G16** : choisir cette forme plus française ; **G17** : choisir avec la consonne simple ; **G18** : choisir singulier et pluriel réguliers ; **G19** : choisir la soudure ; **G20** : choisir cette forme) ; **G21** : **-eur** au lieu de **-er** ; **G22 à G24** : forme recommandée.   **RÈGLES** : p. 170.

néo......

- A3 (règle générale) :

<u>néo</u>capitalisme
<u>néo</u>classique
<u>néo</u>colonialiste
<u>néo</u>conservateur/trice
<u>néo</u>criticisme
<u>néo</u>démocrate
<u>néo</u>français (nom commun : style d'écriture)
<u>néo</u>gothique
<u>néo</u>libéral/ale
<u>néo</u>natal/ale
<u>néo</u>nationalisme
<u>néo</u>platonisme
<u>néo</u>positiviste
<u>néo</u>protectionnisme
<u>néo</u>réaliste, etc.

néo...... et Néo......

- A3 (adjectifs et noms propres en lien avec des lieux commençant par Nouveau-... ou Nouvelle-...) :

<u>néo</u>brunswickois/oise (adj.)
<u>Néo</u>brunswickois/oise (nom)
<u>néo</u>calédonien/enne (adj.)
<u>Néo</u>calédonien/enne (nom)
<u>néo</u>guinéen/enne (adj.)
<u>Néo</u>guinéen/enne (nom)
<u>néo</u>orléanais/aise (adj.)
<u>Néo</u>orléanais/aise (nom)
<u>néo</u>zélandais/aise (adj.)
<u>Néo</u>zélandais/aise (nom)
etc.

Néo ou néo- ?

Le préfixe néo... a plusieurs emplois. Ce préfixe est généralement soudé, comme ci-dessus. Cependant, la majuscule qui est nécessaire dans un nom propre d'habitant influence son orthographe. Voir les cas d'adjectifs et de noms propres qui sont illustrés ci-dessous.

néo......

- A3 (avant une minuscule, adjectif relatif aux personnes nouvellement établies dans un pays) :

<u>néo</u>allemand/ande (adj.)
<u>néo</u>belge (adj.)

RECTIFICATIONS – A1, **A2**, **A3** : soudure (avec le préfixe) ; **A4** : soudure (mot étranger ou onomatopée) ; **A5** : soudure ; **A6** : trait d'union ; **B1**, **B2** : singulier et pluriel réguliers ; **C1** : **è** et non **é** ; **C2** : sans accent circonflexe sur **i** ou **u** ; **C3** : tréma sur **u** ; **C4** : accent pour francisation ; **D1** : **-èle** et non **-elle**, ou **-ète** et non **-ette** ; **D2**, **D3** : consonne simple ; **F1**, **F2** : anomalie rectifiée ; **F3** : accent ajouté ; **F4** : -ill- au lieu de -illi-.

néocanadien/enne (adj.)
néoespagnol/ole (adj.)
néofrançais/aise (adj.)
néohaïtien/enne (adj.)
néosuisse (adj.)
etc.

néo-*Majuscule*......
Dans les noms propres désignant les personnes nouvellement établies dans un pays, le trait d'union est maintenu en raison de la majuscule du nom propre d'habitant :
néo-Allemand/ande (nom pr.)
néo-Belge (nom propre)
néo-Canadien/enne (nom pr.)
néo-Espagnol/ole (nom pr.)
néo-Français/aise (nom pr.)
néo-Haïtien/enne (nom pr.)
néo-Suisse (nom propre).

neuf • A6 :
deux-cent-neuf
neuf-cents
neuf-mille-neuf
neuf-millions-huit, etc.

neuneu • A4

neuro...... • A3 :
neurodermatose
neuroectodermique
neuroendocrinien/enne
neuroépithélium
neuroergonologie
neurofibrome
neurohypophyse
neuromusculaire
neurooculocutané/ée
neuroordinateur
neurootologie
neuroradiologie
neurosensoriel/elle
neurovégétatif/ive, etc.

Pour éviter o + i, on met le trait d'union :
neuro-imagerie
neuro-immunologie
neuro-informatique.

névocancer
névocarcinome • A3, G5

névus • G5, B2 :
des névus

newlook • A4, B2 :
des newlooks
(anglicisme dans certains sens)

nickeler • D1 :
je nickèle
je nickèlerai

nicnac • A4

RECOMMANDATIONS – G1 à G20 : il existait au moins deux variantes, il faut choisir la forme la plus simple ou la plus française (**G1** : choisir sans accent ; **G2** : choisir sans h ; **G3 à G16** : choisir cette forme plus française ; **G17** : choisir avec la consonne simple ; **G18** : choisir singulier et pluriel réguliers ; **G19** : choisir la soudure ; **G20** : choisir cette forme) ; **G21** : **-eur** au lieu de **-er** ; **G22 à G24** : forme recommandée.   **RÈGLES** : **p. 170.**

nilgau (antilope) • G20

nimbo...... • A3 :
nimbostratus

nippon, nippone • G17

nirvana • G1

nivèlement • D1

niveler • D1 :
je nivèle
je nivèlerai

nivéo...... • A3 :
nivéoéolien/enne

niverole • D3

nivo...... • A3 :
nivoglaciaire
nivopluvial/ale

nobélium • C4

nonante • A6 :
nonante-et-un
nonante-et-unième
cent-nonante
nonante-mille
nonante-et-un-millions
etc.

non-évènement • C1

norois/oise • G17

noroit • C2

notocorde • G10

nova • B2 : des novas

novilléro • C4

nu (lettre grecque)
• B2 : des nus

nucléo...... • A3 :
nucléocytoplasmique

nucléus • C4, B2 :
des nucléus

nument • C2

numérus clausus • C4

nuocmam • A4, G1

nuraghe • B2 ou
nuraghé • C4, B2 :
des nuraghes ou
des nuraghés
(selon la prononciation)

nurserie • G20, B2 :
des nurseries
(anglicisme : selon le
sens voulu, préférer un
terme tel que salle de
jeux, pouponnière...)

RECTIFICATIONS – **A1**, **A2**, **A3** : soudure (avec le préfixe) ; **A4** : soudure (mot étranger ou onomatopée) ; **A5** : soudure ; **A6** : trait d'union ; **B1**, **B2** : singulier et pluriel réguliers ; **C1** : è et non é ; **C2** : sans accent circonflexe sur **i** ou **u** ; **C3** : tréma sur **u** ; **C4** : accent pour francisation ; **D1** : -èle et non -elle, ou -ète et non -ette ; **D2**, **D3** : consonne simple ; **F1**, **F2** : anomalie rectifiée ; **F3** : accent ajouté ; **F4** : -ill- au lieu de -illi-.

O

obérer • C1 :
j'ob<u>è</u>rerai

oblitérer • C1 :
j'oblit<u>è</u>rerai

obséder • C1 :
j'obs<u>è</u>derai

obtempérer • C1 :
j'obtemp<u>è</u>rerai

occasio<u>n</u>alisme • G17

occipito...... • A3 :
<u>occipito</u>frontal/ale

occlusio...... • A3 :
<u>occlusio</u>articulaire

octante • A6 :
octante-et-un
octante-et-unième
mille-cent-octante
octante-millions, etc.

ocul<u>us</u> • B2 :
des ocul<u>us</u>

<u>o</u>dographe
<u>o</u>dographie
<u>o</u>dographique
<u>o</u>domètre
<u>o</u>dométrie • G2

odonto...... • A3 :
<u>odonto</u>gérontologie
<u>odonto</u>stomatologie
etc.

œnoth<u>é</u>ra • C4

œsogastro...... • A3 :
<u>œsogastro</u>duodénal/ale
<u>œsogastro</u>duodénoscopie

off • B2 : des voix off<u>s</u>
(anglicisme : préférer un
terme tel **hors champ**)

offse<u>t</u> • B2 : des offset<u>s</u>
(mot parfois considéré
comme un anglicisme)

offshor<u>e</u> • A4, B2 :
des offshore<u>s</u>
(anglicisme : selon le
sens voulu, préférer un
terme tel que **forage
en mer, hauturier,
extraterritorial**...)

<u>o</u>gam
<u>o</u>gamique • G2

<u>o</u>gnon (voir l'encadré
à la page 116)

<u>o</u>gnonade
<u>o</u>gnonet
<u>o</u>gnonière • F2

RECOMMANDATIONS – G1 à G20 : il existait au moins deux variantes, il faut choisir la forme la plus simple ou la plus française (**G1** : choisir sans accent ; **G2** : choisir sans **h** ; **G3 à G16** : choisir cette forme plus française ; **G17** : choisir avec la consonne simple ; **G18** : choisir singulier et pluriel réguliers ; **G19** : choisir la soudure ; **G20** : choisir cette forme) ; **G21** : **-eur** au lieu de **-er** ; **G22 à G24** : forme recommandée.   **RÈGLES** : **p. 170.**

oiseler • D1 :
 j'ois<u>è</u>le
 j'ois<u>è</u>lerai

olécr<u>a</u>ne
olécr<u>a</u>nien/enne • G1

oléo...... • A3 :
 ol<u>éo</u>pneumatique
 ol<u>éo</u>soluble

oli<u>f</u>ant • G16

oligo...... • A3 :
 olig<u>o</u>amnios
 olig<u>o</u>élément
 olig<u>o</u>holoside
 olig<u>o</u>nucléotide, etc.

> Pour éviter o + i, on met le trait d'union :
> oligo-isoadénylate.

oligosa<u>c</u>carase
oligosa<u>c</u>caride
oligosa<u>c</u>caridose • F2

oli<u>m</u> • B2 : des oli<u>m</u>s

olivo...... • A3 :
 oliv<u>o</u>cérébelleux/euse

<u>o</u>llapodrida • A4, B2 :
 des ollapodrida<u>s</u>

omé<u>g</u>a • B2 :
 des omég<u>as</u>

omicro<u>n</u> • B2 :
 des omicro<u>n</u>s

omni...... • A3 :
 <u>omni</u>érudit/ite
 <u>omni</u>sport (+G18)

omo...... • A3 :
 <u>omo</u>hyoïdien/enne

onco...... • A3 :
 <u>onco</u>hématologie
 <u>onco</u>hématologue

oniro...... • A3 :
 <u>oniro</u>analyse

on<u>qu</u>es (jamais) • G11

onto...... • A3 :
 <u>onto</u>théologie
 <u>onto</u>théologique

onycho...... • A3 :
 <u>onycho</u>ostéodysplasie

onze • A6 :
 cent-onze
 onze-cents
 onze-mille-onze
 quatre-vingt-onze-mille
 onze-millions-deux
 onze-milliards, etc.

ooli<u>t</u>e
ooli<u>t</u>ique • G2

RECTIFICATIONS – **A1**, **A2**, **A3** : soudure (avec le préfixe) ; **A4** : soudure (mot étranger ou onomatopée) ; **A5** : soudure ; **A6** : trait d'union ; **B1**, **B2** : singulier et pluriel réguliers ; **C1** : è et non é ; **C2** : sans accent circonflexe sur **i** ou **u** ; **C3** : tréma sur **u** ; **C4** : accent pour francisation ; **D1** : **-èle** et non **-elle**, ou **-ète** et non **-ette** ; **D2**, **D3** : consonne simple ; **F1**, **F2** : anomalie rectifiée ; **F3** : accent ajouté ; **F4** : **-ill-** au lieu de **-illi-**.

open • B2 :
des tournois open<u>s</u>
(anglicisme : selon le sens voulu, préférer un terme tel que ouvert à tous ou ouvert d'esprit)

opérer • C1 :
j'op<u>è</u>rerai

oppidum • B2 :
des oppidum<u>s</u>

optimum • B2 :
des optimum<u>s</u>

opto...... • A3 :
<u>opto</u>coupleur
<u>opto</u>détecteur
<u>opto</u>électronique
<u>opto</u>liaison, etc.

> Pour éviter o + i, on met le trait d'union : opto-isoler.

ordo • B2 : des ord<u>o</u>s

or<u>é</u>mus • C4

orfèvre-joa<u>ill</u>er
orfèvre-joa<u>ill</u>ère • F4

ormin • G2

oro...... • A3 :
<u>oro</u>hydrographique
<u>oro</u>pharynx

ortho...... • A3 :
<u>ortho</u>écologique
<u>ortho</u>nitrophénol, etc.

ossobuco • A4, B2 :
des ossobuco<u>s</u>

ost • G2

ostéo...... • A3 :
<u>ostéo</u>arthrite
<u>ostéo</u>périostique, etc.

ostiak • G20

ostrogo<u>t</u>/o<u>te</u>
ostrogo<u>t</u>ique • G2

oto...... (et **otorhino...**) • A3 :
<u>oto</u>rhino
<u>oto</u>rhinolaryngologie
<u>oto</u>rhinolaryngologique
<u>oto</u>rhinolaryngologiste
<u>oto</u>rhinolaryngologue
etc.

otoli<u>t</u>e • G2

oto<u>rr</u>ée • G2

oued • B2 : des oued<u>s</u>

ouïgour, **ouïgoure** • G2

ouillère • F4 (on dit aussi oullière ; ne pas confondre avec houillère)

RECOMMANDATIONS – G1 à G20 : il existait au moins deux variantes, il faut choisir la forme la plus simple ou la plus française (**G1** : choisir sans accent ; **G2** : choisir sans **h** ; **G3 à G16** : choisir cette forme plus française ; **G17** : choisir avec la consonne simple ; **G18** : choisir singulier et pluriel réguliers ; **G19** : choisir la soudure ; **G20** : choisir cette forme) ; **G21** : **-eur** au lieu de **-er** ; **G22 à G24** : forme recommandée. **RÈGLES** : **p. 170.**

ou̲kase • G9

ou̲léma • G9
(on dit aussi uléma)

ou̲rdou (masculin)
ou̲rdoue (féminin) • G9

ou̲t • B2 :
des balles ou̲ts
(anglicisme : selon le sens voulu, préférer un terme tel que dépassé, démodé, hors limite…)

ouvre-…… • B1 :
un ouvre-boi̲te (+C2)
des ouvre-boi̲tes (+C2)
un ouvre-bouteille
des ouvre-bouteilles
un ouvre-gant
des ouvre-gants, etc.

ouvrier-joai̲ller
ouvrière-joai̲llère • F4

ou̲zbek (masculin)
ou̲zbèke (féminin)
• G9, G20

ovario…… • A3 :
ovariotubaire

oxo…… • A3 :
oxobiodégradable
oxodégradable

oxydo…… • A3 :
oxydoréductase
oxydoréduction

oxygéner • C1 :
j'oxygènerai

> **Oignon reprendrait-il la forme ognon ?**
>
> Oui. Il se réconcilie avec les mots de sa série (de même prononciation) qui s'écrivent aujourd'hui sans le **i** : rognon, grognon, trognon…
>
> On écrivait roignon par les siècles passés (comme oignon), puis le **i** de ce mot a disparu. À l'inverse, on trouvait ognon sans **i** dans le dictionnaire de l'Académie, notamment au XIXᵉ siècle. On redonne vie à ognon maintenant.

RECTIFICATIONS – **A1**, **A2**, **A3** : soudure (avec le préfixe) ; **A4** : soudure (mot étranger ou onomatopée) ; **A5** : soudure ; **A6** : trait d'union ; **B1**, **B2** : singulier et pluriel réguliers ; **C1** : è et non é ; **C2** : sans accent circonflexe sur **i** ou **u** ; **C3** : tréma sur **u** ; **C4** : accent pour francisation ; **D1** : -èle et non -elle, ou -ète et non -ette ; **D2**, **D3** : consonne simple ; **F1**, **F2** : anomalie rectifiée ; **F3** : accent ajouté ; **F4** : -ill- au lieu de -illi-.

P

paddy (riz) • B2 :
des paddys
padichah • G13
paélia • C4, G22
paf • G18 :
des buveurs pafs
pagaille • G20
pagus • B2 :
des pagus
pailleter • D1 :
je paillète
je paillèterai
paisseler • D1 :
je paissèle
je paissèlerai
paitre • C2 :
elle pait
je paitrai
palato...... • A3 :
palatoalvéolaire
palatoglosse, etc.
paléo...... • A3 :
paléoccéanographie
paléoornithologie
paléophyllophagie, etc.

palicare • G17, G10
pampéro • C4
panatéla • C4
pança • G10
panchenlama • A4
pancréatico...... • A3 :
pancréaticoduodénal/ale
pancréaticoentérique
etc.
pancréato...... • A3 :
pancréatoentérostomie
pancréatostimuline
etc.
panèterie • F3 (on dit aussi paneterie)
panini • B2 :
des paninis
panquébécois/oise • F3
panteler • D1 :
je pantèle
je pantèlerai
paparazzi • B2 :
des paparazzis
paparmane • G17
papèterie • F3 (on dit aussi papeterie)

RECOMMANDATIONS – G1 à G20 : il existait au moins deux variantes, il faut choisir la forme la plus simple ou la plus française (**G1** : choisir sans accent ; **G2** : choisir sans h ; **G3 à G16** : choisir cette forme plus française ; **G17** : choisir avec la consonne simple ; **G18** : choisir singulier et pluriel réguliers ; **G19** : choisir la soudure ; **G20** : choisir cette forme) ; **G21** : **-eur** au lieu de **-er** ; **G22 à G24** : forme recommandée. **RÈGLES : p. 170.**

papi • G20

paqueter • D1 :
je paqu<u>è</u>te
je paqu<u>è</u>terai

para...... • A3 :
<u>para</u>aminohippurate
<u>para</u>gouvernemental/
  <u>para</u>gouvernementale
<u>para</u>médical/ale
<u>para</u>militaire
<u>para</u>municipal/ale
<u>para</u>scolaire
etc.
> Pour éviter a + i, on met le trait d'union :
> para-infectieux/euse.

parabellum • B2 :
des parabell<u>um</u>s

para<u>f</u>e
para<u>f</u>er
para<u>f</u>eur • G16

para<u>i</u>tre • C2 :
il para<u>i</u>t
je para<u>i</u>trai

<u>para</u>valanche • G19
<u>pare</u>brise • G19
<u>pare</u>choc • G19

> **Doit-on souder pare... ?**
>
> Seuls quelques mots commençant avec pare... ont une forme soudée (voir les cas de la règle G19 au bas de la colonne précédente). Le Conseil supérieur ne voulait pas modifier d'un coup plusieurs milliers de noms composés. Les autres mots conservent le trait d'union, comme dans les exemples ci-dessous.

pare-...... • B1 :
un pare-ball<u>e</u> (+G18)
des pare-balle<u>s</u>
un pare-bou<u>e</u>
des pare-boue<u>s</u>
un pare-bruit
des pare-bruit<u>s</u>
un pare-étincell<u>e</u>
des pare-étincelle<u>s</u>
un pare-feu (+G18)
des pare-feu<u>x</u>
un pare-fumé<u>e</u>
des pare-fumé<u>es</u>

RECTIFICATIONS – **A1**, **A2**, **A3** : soudure (avec le préfixe) ; **A4** : soudure (mot étranger ou onomatopée) ; **A5** : soudure ; **A6** : trait d'union ; **B1**, **B2** : singulier et pluriel réguliers ; **C1** : è et non é ; **C2** : sans accent circonflexe sur **i** ou **u** ; **C3** : tréma sur **u** ; **C4** : accent pour francisation ; **D1** : **-èle** et non **-elle**, ou **-ète** et non **-ette** ; **D2**, **D3** : consonne simple ; **F1**, **F2** : anomalie rectifiée ; **F3** : accent ajouté ; **F4** : **-ill-** au lieu de **-illi-**.

un pare-nei*g*e
des pare-nei*ges*
un pare-solei*l*
des pare-solei*ls*, etc.

> Avec s ou sans s ?
>
> La règle G18 recommande de choisir le singulier et le pluriel réguliers s'ils sont déjà présents dans certains dictionnaires.
> Exemples :
> une veste pare-bal*le*
> des vestes pare-bal*les*
> une porte pare-fe*u*
> des portes pare-fe*us*.

pa*r*élie • G2

parlo*t*e
parlo*t*er
parlo*t*erie • D3

parqueter • D1 :
 je parqu*è*te
 je parqu*è*terai

parqu*è*terie • F3 (on dit aussi parqueterie)

partit*a* • B2 :
 des partit*as*

pas*é*o • C4

paso*doble* • A4, B2 :
 des pasodobl*es*

passamezz*o* • B2 :
 des passamezz*os* (on dit aussi passémezzo)

passe*partout* • A5
passe*passe* • A5
passe*rose* • G19
passe*temps* • A5

> Doit-on souder passe... ?
>
> Seuls quelques mots avec passe... ont une forme soudée (voir ci-dessus les quatre cas A5 ou G19). Le Conseil supérieur ne voulait pas modifier d'un coup plusieurs milliers de noms composés. Les autres mots conservent le trait d'union, comme dans les exemples ci-dessous.

passe-...... • B1 :
 un passe-bouto*n*
 des passe-bouto*ns*
 un passe-coup*e*
 des passe-coup*es*

RECOMMANDATIONS – G1 à G20 : il existait au moins deux variantes, il faut choisir la forme la plus simple ou la plus française (**G1** : choisir sans accent ; **G2** : choisir sans h ; **G3 à G16** : choisir cette forme plus française ; **G17** : choisir avec la consonne simple ; **G18** : choisir singulier et pluriel réguliers ; **G19** : choisir la soudure ; **G20** : choisir cette forme) ; **G21** : **-eur** au lieu de **-er** ; **G22 à G24** : forme recommandée.   **RÈGLES : p. 170.**

un passe-carre<u>au</u>
des passe-carrea<u>ux</u>
une passe-crassan<u>e</u>
des passe-crassan<u>es</u>
un passe-droi<u>t</u>
des passe-droi<u>ts</u>
un passe-lace<u>t</u>
des passe-lace<u>ts</u>
un passe-lai<u>t</u>
des passe-lai<u>ts</u>
un passe-lett<u>re</u>
des passe-lett<u>res</u>
un passe-montag<u>ne</u>
des passe-montag<u>nes</u>
un passe-pie<u>d</u> (danse)
des passe-pie<u>ds</u>
une passe-pier<u>re</u>
des passe-pier<u>res</u>
un passe-pla<u>t</u>
des passe-pla<u>ts</u>
un passe-t<u>hé</u>
des passe-t<u>hés</u>
un passe-volant
des passe-volan<u>ts</u>, etc.

pass<u>émezzo</u> • C4, B2 :
  des pass<u>é</u>mezz<u>os</u> (on
  dit aussi passamezzo)

<u>pater</u>familias • A4

p<u>a</u>turon • G1

p<u>éa</u>n • G5

pécher (commettre
  une faute) • C1 :
  je p<u>è</u>cherai

p<u>è</u>cheresse • C1

pêche<u>tout</u> • A5

p<u>é</u>cile • G7

p<u>é</u>corino • C4

p<u>é</u>dibus • C4

p<u>é</u>dig<u>r</u><u>ée</u> • C4 ou
p<u>é</u>digr<u>i</u> • C4, G22
  (selon la prononciation)

pédo...... • A3 :
  <u>pédo</u>psychiatre
  <u>pédo</u>psychiatrie, etc.

p<u>é</u>dum • C4

<u>peewee</u> • A4, B2 :
  des peewe<u>es</u>

p<u>é</u>koe • C4

p<u>é</u>lagos • C4

p<u>é</u>lamide • G20

p<u>êlemê</u>le • A4

pelleter • D1 :
  je pell<u>è</u>te
  je pell<u>è</u>terai

RECTIFICATIONS − A1, **A2**, **A3** : soudure (avec le préfixe) ; **A4** : soudure (mot étranger ou onomatopée) ; **A5** : soudure ; **A6** : trait d'union ; **B1**, **B2** : singulier et pluriel réguliers ; **C1** : **è** et non **é** ; **C2** : sans accent circonflexe sur **i** ou **u** ; **C3** : tréma sur **u** ; **C4** : accent pour francisation ; **D1** : **-èle** et non **-elle**, ou **-ète** et non **-ette** ; **D2**, **D3** : consonne simple ; **F1**, **F2** : anomalie rectifiée ; **F3** : accent ajouté ; **F4** : **-ill-** au lieu de **-illi-**.

pénalty • C4, B2 :
des pénaltys
(anglicisme : préférer le
mot pénalité)

pénétrer • C1 :
je pénètrerai

pénicillino...... • A3 :
pénicillinorésistant/ante

pénicillium • C4

pentode • G2

pentrite • G2

pèperin • C1 (on
dit aussi pépérin)

pepperoni • C4

pèquenaud/aude ou
pèquenot/otte • C1

péquet • G11

perce-...... • B1 :
une perce-muraille
des perce-murailles
un ou une perce-neige
des perce-neiges
un perce-oreille
des perce-oreilles
une perce-pierre
des perce-pierres, etc.

percutiréaction • A3

pérestroïka • C4

péri...... • A3 :
périinformatique
périsaccarophiliste (+F2)
périurbain/aine
périutérin/ine, etc.

péritonéo...... • A3 :
péritonéodialyse
péritonéovaginal/ale

perpétrer • C1 :
je perpètrerai

persévérer • C1 :
je persévèrerai

persifflage
persiffler
persiffleur/euse • F1

pèse-...... • B1 :
un pèse-bébé
des pèse-bébés
un pèse-lait
des pèse-laits
un pèse-lettre
des pèse-lettres
un pèse-personne
des pèse-personnes
un pèse-sirop
des pèse-sirops
etc.

RECOMMANDATIONS – G1 à G20 : il existait au moins deux variantes, il faut choisir la forme la plus simple ou la plus française (**G1** : choisir sans accent ; **G2** : choisir sans h ; **G3 à G16** : choisir cette forme plus française ; **G17** : choisir avec la consonne simple ; **G18** : choisir singulier et pluriel réguliers ; **G19** : choisir la soudure ; **G20** : choisir cette forme) ; **G21** : **-eur** au lieu de **-er** ; **G22 à G24** : forme recommandée. **RÈGLES** : **p. 170.**

péséta • C4
  (on dit aussi peseta)
péso • C4
  (on dit aussi peso)
pestiférer • C1 :
  je pestifèrerai
péta...... (préfixe) • C4 :
  pétalitre
  pétamètre, etc.
péter • C1 :
  je pèterai
**petit-maitre
petite-maitresse** • C2
pétro...... • A3 :
  pétrodollar
  pétroobligation
  pétrovraquier, etc.
pétroléo...... • A3 :
  pétroléoélectrique
peucédanum • C4
pharmacie • (inchangé :
  voir encadré page 109)
pharyngo...... • A3 :
  pharyngoépiglottique
  pharyngolaryngite
  pharyngoœsophagique
  pharyngosténose, etc.

Phénix ou phœnix ?

Le mot phénix a plusieurs sens possibles, dont : oiseau ou animal fabuleux, personne unique en son genre, variété de coq. Pour exprimer l'un de ces sens, il faut toujours écrire avec é, même en orthographe traditionnelle. Le fait d'écrire phœnix pour ces sens constitue une erreur. Mais phénix peut aussi signifier variété de palmier, et c'est seulement en ce sens que l'orthographe française traditionnelle permettait d'écrire au choix phœnix ou phénix. La nouvelle orthographe recommande aux botanistes de choisir (entre les deux graphies permises pour le palmier) la forme la plus française : phénix.

RECTIFICATIONS – **A1**, **A2**, **A3** : soudure (avec le préfixe) ; **A4** : soudure (mot étranger ou onomatopée) ; **A5** : soudure ; **A6** : trait d'union ; **B1**, **B2** : singulier et pluriel réguliers ; **C1** : è et non é ; **C2** : sans accent circonflexe sur i ou u ; **C3** : tréma sur u ; **C4** : accent pour francisation ; **D1** : -èle et non -elle, ou -ète et non -ette ; **D2**, **D3** : consonne simple ; **F1**, **F2** : anomalie rectifiée ; **F3** : accent ajouté ; **F4** : -ill- au lieu de -illi-.

phénix (palmier) • G7
(*voir encadré à gauche*)

phi (lettre grecque)
• B2 : des ph<u>is</u>

philan<u>t</u>e (insecte) • G2

philosophie •
(*inchangé : voir encadré page 109*)

phonético...... • A3 :
<u>phonéti</u>cographique

phonoli<u>t</u>e
phonoli<u>t</u>ique • G2

photo...... • A3 :
<u>photo</u>élasticimétrie
<u>photo</u>élasticité
<u>photo</u>électricité
<u>photo</u>électrique
<u>photo</u>robot, etc.

> Pour éviter o + i, on met le trait d'union :
> photo-interprétation.
> photo-ionisation.

photofini<u>sh</u> • A3, B2 :
des photofini<u>shs</u>
(anglicisme : préférer le terme photo d'arrivée)

phylloxéra • C4

phyl<u>um</u> • B2 :
des phyl<u>ums</u>

physico...... • A3 :
<u>physico</u>chimique
<u>physico</u>mathématique
<u>physico</u>théologique
etc.

phyto...... • A3 :
<u>phyto</u>écologie

pi (lettre grecque)
• B2 : des p<u>is</u>

pianissi<u>m</u>o • B2 :
des pianissi<u>mos</u>

pianofor<u>té</u> • A4, C4, B2 : des pianofor<u>tés</u>

pic<u>k</u>up • A4, B2 :
des picku<u>ps</u>
(anglicisme : préférer un terme plus français)

pi<u>c</u>olo (flute ou vin)
• G17, B2 :
des pic<u>olos</u>

pié<u>droit</u> • G19, G20

pié<u>fort</u> • G19, G20

pié<u>ger</u> • C1 :
je pi<u>è</u>gerai

RECOMMANDATIONS – G1 à G20 : il existait au moins deux variantes, il faut choisir la forme la plus simple ou la plus française (**G1** : choisir sans accent ; **G2** : choisir sans **h** ; **G3 à G16** : choisir cette forme plus française ; **G17** : choisir avec la consonne simple ; **G18** : choisir singulier et pluriel réguliers ; **G19** : choisir la soudure ; **G20** : choisir cette forme) ; **G21** : **-eur** au lieu de **-er** ; **G22 à G24** : forme recommandée.   **RÈGLES : p. 170.**

piémont (pente, glacis alluvial) • G20

piéta • C4, G22, B2 :
des piétas

piètement • C1

piéter • C1 :
je pièterai

piézo...... • A3 :
piézoadhésivité
piézoélectricité
piézoélectrique, etc.

pifer • G17

pilo...... • A3 :
pilosébacé/ée

pimbina • G20

pince-...... • B1 :
un pince-aiguille
des pince-aiguilles
un pince-feuille
des pince-feuilles
un pince-maille
des pince-mailles
un pince-note
des pince-notes
un pince-oreille
des pince-oreilles
etc.

pinceter • D1 :
je pincète
je pincèterai

pinnotère • G2

pinup • A4, B2 :
des pinups
(anglicisme : préférer un terme plus français)

pipeline • A4

pique-...... • B1 :
un/une pique-assiette
des pique-assiettes
un pique-bœuf
des pique-bœufs
un pique-épi
des pique-épis
un pique-feu
des pique-feux
un pique-fleur
des pique-fleurs, etc.

piquenique
piqueniqueur/euse
piqueniquer • G19

piqueter • D1 :
je piquète
je piquèterai

piqure • C2

RECTIFICATIONS – **A1**, **A2**, **A3** : soudure (avec le préfixe) ; **A4** : soudure (mot étranger ou onomatopée) ; **A5** : soudure ; **A6** : trait d'union ; **B1**, **B2** : singulier et pluriel réguliers ; **C1** : è et non é ; **C2** : sans accent circonflexe sur **i** ou **u** ; **C3** : tréma sur **u** ; **C4** : accent pour francisation ; **D1** : -èle et non -elle, ou -ète et non -ette ; **D2**, **D3** : consonne simple ; **F1**, **F2** : anomalie rectifiée ; **F3** : accent ajouté ; **F4** : -ill- au lieu de -illi-.

pirojki • B2 :
des pirojk<u>is</u>

pisolite
pisolitique • G2

pisse-copie • B1 :
des pisse-copi<u>es</u>

<u>pisse</u>froid • A5

pisse-vinaigre • B1 :
des pisse-vinaig<u>res</u>

pistoléro • C4

<u>pit</u>bull • A4

<u>pit</u>pit • A4 (pour le nom, on dit souvent pipit)

pizzéria • C4

pizzicato • B2 :
des pizzicat<u>os</u>

placébo • C4

plaire • C2 :
il plai<u>t</u>

<u>planti</u>flexion • A3

<u>plate</u>bande • G19

<u>plate</u>forme • G19

<u>plate</u>longe • G19

<u>platy</u>rhinien • G17

<u>play</u>back • A4, B2 : des playbac<u>ks</u> (anglicisme : préférer un terme tel que présonorisation)

<u>play</u>boy • A4 (anglicisme : préférer un terme tel que séducteur, donjuan…)

plénum • C4

pleure-misère • B1 :
des pleure-misè<u>res</u>

pleuro…… • A3 :
<u>pleuro</u>péricardique
<u>pleuro</u>pneumonie
<u>pleuro</u>pulmonaire
etc.

<u>plum</u><u>pou</u>ding • A4, G9, G17, G22

pluri…… • A3 :
<u>pluri</u>directionnel/elle
<u>pluri</u>disciplinarité
<u>pluri</u>ethnique
<u>pluri</u>microbien/enne
<u>pluri</u>spécialisation
etc.

pluvio…… • A3 :
<u>pluvio</u>lessivage
<u>pluvio</u>nival/ale

RECOMMANDATIONS – G1 à G20 : il existait au moins deux variantes, il faut choisir la forme la plus simple ou la plus française (**G1** : choisir sans accent ; **G2** : choisir sans h ; **G3 à G16** : choisir cette forme plus française ; **G17** : choisir avec la consonne simple ; **G18** : choisir singulier et pluriel réguliers ; **G19** : choisir la soudure ; **G20** : choisir cette forme) ; **G21** : **-eur** au lieu de **-er** ; **G22 à G24** : forme recommandée.   **RÈGLES : p. 170.**

pneumo...... • A3 :
<u>pneumo</u>entérite
<u>pneumo</u>hémorragie
<u>pneumo</u>phtisiologie
etc.

pocheter • D1 :
je poch<u>è</u>te
je poch<u>è</u>terai

po<u>è</u>tereau • C1

pogrom<u>e</u> • G20

pointero<u>l</u>e • D3

point<u>eu</u>r (race de chien) • G21

police<u>man</u> • B2 :
des policem<u>an</u>s
(anglicisme : préférer le terme policier ou agent de police)

polioencéphalo...... • A3 :
<u>polioencéphalo</u>myélite

politico...... • A3 :
<u>politico</u>financier/ère

poli<u>é</u> • B2 : des poljés

polysa<u>cc</u>aride • F2

polyuréthan<u>e</u> • G17

pomélo • C4

pomérium • C4, G7

pommeler (se) • D1 :
il se pomm<u>è</u>le
elle se pomm<u>è</u>lera

po<u>n</u>ch • F2 ou **punch**
(selon la prononciation, étant donné qu'il y a deux prononciations possibles au sens de boisson)

poncture • G3

pondérer • C1 :
je pond<u>è</u>rerai

pong<u>é</u> • B2

pop • B2 :
des chanteuses po<u>p</u>s

popcorn • A4, B2 :
des popcor<u>n</u>s
(anglicisme : préférer maïs soufflé ou éclaté)

<u>**porteballe**</u> (petit mercier) • G19

<u>**porteclé**</u> • A5

<u>**portecrayon**</u> • A5

<u>**portefaix**</u> • G19

<u>**portefort**</u> • G19

<u>**portemanteau**</u> • G19

RECTIFICATIONS – A1, **A2**, **A3** : soudure (avec le préfixe) ; **A4** : soudure (mot étranger ou onomatopée) ; **A5** : soudure ; **A6** : trait d'union ; **B1**, **B2** : singulier et pluriel réguliers ; **C1** : **è** et non **é** ; **C2** : sans accent circonflexe sur **i** ou **u** ; **C3** : tréma sur **u** ; **C4** : accent pour francisation ; **D1** : **-èle** et non **-elle**, ou **-ète** et non **-ette** ; **D2**, **D3** : consonne simple ; **F1**, **F2** : anomalie rectifiée ; **F3** : accent ajouté ; **F4** : **-ill-** au lieu de **-illi-**.

portemine • G19
portemonnaie • A5
porteplume • A5
portevoix • A5

> Doit-on souder porte...?
>
> Seuls quelques mots avec porte... ont une forme soudée (voir les cas A5 et G19 ci-dessus). Le Conseil supérieur ne voulait pas modifier d'un coup plusieurs milliers de noms composés. Les autres mots construits avec porte- conservent le trait d'union, comme dans les exemples ci-dessous.

porte-...... • B1 :
 un porte-avion
 des porte-avions
 un porte-bagage
 des porte-bagages
 un porte-bébé
 des porte-bébés
 un porte-billet
 des porte-billets
 un porte-bonheur
 des porte-bonheurs
 un porte-carte
 des porte-cartes
 un porte-cigarette
 des porte-cigarettes
 un porte-craie
 des porte-craies
 un porte-document
 des porte-documents
 un/une porte-drapeau
 des porte-drapeaux
 un porte-journal
 des porte-journaux
 un porte-montre
 des porte-montres
 un porte-parapluie
 des porte-parapluies
 un/une porte-parole
 des porte-paroles
 un porte-revue
 des porte-revues
 un porte-savon
 des porte-savons
 un porte-serviette
 des porte-serviettes
 un porte-stylo
 des porte-stylos
 un porte-vent
 des porte-vents, etc.

RECOMMANDATIONS – G1 à G20 : il existait au moins deux variantes, il faut choisir la forme la plus simple ou la plus française (**G1** : choisir sans accent ; **G2** : choisir sans **h** ; **G3 à G16** : choisir cette forme plus française ; **G17** : choisir avec la consonne simple ; **G18** : choisir singulier et pluriel réguliers ; **G19** : choisir la soudure ; **G20** : choisir cette forme) ; **G21** : **-eur** au lieu de **-er** ; **G22 à G24** : forme recommandée.   **RÈGLES : p. 170.**

pose-...... • B1 :
  un pose-band<u>e</u>
  des pose-band<u>es</u>
  un pose-pie<u>d</u>
  des pose-pie<u>ds</u>
  un pose-plum<u>e</u>
  des pose-plum<u>es</u>, etc.

posséder • C1 :
  je poss<u>è</u>derai

post...... • A3 :
  <u>post</u>abortum (+B2)
  <u>post</u>accélération
  <u>post</u>collégial/ale
  <u>post</u>homérique
  <u>post</u>industriel/elle
  <u>post</u>moderne
  <u>post</u>natal/ale
  <u>post</u>par<u>tum</u> (+B2)
  <u>post</u>scrip<u>tum</u> (+B2)
   (abréviation : PS)
  <u>post</u>test
  <u>post</u>traitement
  <u>post</u>traumatique
  <u>post</u>universitaire, etc.

postéro...... • A3 :
  <u>postéro</u>latéral/ale

potpourri • A5

pottok • G12

poucepied (crustacé)
  • A5 (ne pas confondre
  avec pousse-pied)

pouding • G9, G17

pourcompte • G19,
  G18 : des pourcomp<u>tes</u>

pourlécher • C1 :
  je pourl<u>è</u>cherai

poursoi (nom rare) • A5

poussa (jouet ou gros
  homme) • G2

pousse-...... • B1 :
  un pousse-caf<u>é</u>
  des pousse-caf<u>és</u>
  un pousse-caillo<u>u</u>
  des pousse-caillo<u>ux</u>
  un pousse-neig<u>e</u>
  des pousse-neig<u>es</u>
  un pousse-pie<u>d</u> (petit
    bateau léger)
  des pousse-pie<u>ds</u>
  un pousse-sa<u>c</u>
  des pousse-sa<u>cs</u>
  un pousse-to<u>c</u>
  des pousse-to<u>cs</u>, etc.

poussepousse • A5

pracrit • G1, G10

RECTIFICATIONS – **A1**, **A2**, **A3** : soudure (avec le préfixe) ; **A4** : soudure (mot étranger ou onomatopée) ; **A5** : soudure ; **A6** : trait d'union ; **B1**, **B2** : singulier et pluriel réguliers ; **C1** : è et non é ; **C2** : sans accent circonflexe sur **i** ou **u** ; **C3** : tréma sur **u** ; **C4** : accent pour francisation ; **D1** : -**èle** et non -**elle**, ou -**ète** et non -**ette** ; **D2**, **D3** : consonne simple ; **F1**, **F2** : anomalie rectifiée ; **F3** : accent ajouté ; **F4** : -**ill**- au lieu de -**illi**-.

pratico...... • A3 :
  <u>pratico</u>pratique

pré...... • A3 :
  <u>pré</u>admission
  <u>pré</u>adolescence
  <u>pré</u>électoral/ale
  <u>pré</u>emballé/ée
  <u>pré</u>maternelle
  <u>pré</u>usiné/ée, etc.

précéder • C1 :
  je préc<u>è</u>derai

<u>prêchiprêcha</u> • A4

préférer • C1 :
  je préf<u>è</u>rerai

premier-ma<u>i</u>tre • C2

pr<u>é</u>mium • C4

prérégler • C1 :
  je prérèglerai

<u>presbyacousie</u> • A3

présidi<u>um</u> • G5, B2 :
  des présidi<u>um</u>s

presqu'<u>i</u>le • C2

presse-...... • B1 :
  un presse-ail
  des presse-ai<u>l</u>s
  un presse-citro<u>n</u>
  des presse-citro<u>n</u>s
  un presse-frui<u>t</u>
  des presse-frui<u>t</u>s
  un presse-papie<u>r</u>
  des presse-papie<u>r</u>s, etc.

prestissim<u>o</u> • B2 :
  des prestissim<u>o</u>s

prest<u>o</u> (mouvement
  rapide en musique)
  • B2 : des prest<u>o</u>s

<u>primadonna</u> • A4, B2 :
  des primadonn<u>a</u>s

primo...... • A3 :
  <u>primo</u>débiteur/trice
  <u>primo</u>migrant/ante
  <u>primo</u>vaccination, etc.

> Pour éviter o + i, on met le trait d'union : primo-infection.

<u>privatdocent</u> ou
<u>privatdozent</u> • A4
  (deux prononciations)

pro...... • A3 :
  <u>pro</u>actif/ive
  <u>pro</u>communiste
  <u>pro</u>occidental/ale, etc.

> Pour éviter o + i, on met le trait d'union : pro-inflammatoire.

RECOMMANDATIONS – G1 à G20 : il existait au moins deux variantes, il faut choisir la forme la plus simple ou la plus française (**G1** : choisir sans accent ; **G2** : choisir sans h ; **G3 à G16** : choisir cette forme plus française ; **G17** : choisir avec la consonne simple ; **G18** : choisir singulier et pluriel réguliers ; **G19** : choisir la soudure ; **G20** : choisir cette forme) ; **G21** : -**eur** au lieu de -**er** ; **G22 à G24** : forme recommandée. **RÈGLES** : p. 170.

procéder • C1 :
je procèderai

procordé • G10

proférer • C1 :
je profèrerai

proliférer • C1 :
je prolifèrerai

pronucléus • C4, B2 :
des pronucléus

prorata • B2 :
des proratas

proscénium • C4, B2 :
des proscéniums

prospérer • C1 :
je prospèrerai

protège-...... • B1 :
un protège-cou
des protège-cous
un protège-dent
des protège-dents
un protège-genou
des protège-genoux
un protège-tête
des protège-têtes, etc.

protéger • C1 :
je protègerai

proto...... • A3 :
protocordé (+G10)
protoétoile
protojaponais
protolangage
protooncogène
protosulfate, etc.

prudhommal/ale
prudhomme
prudhommie • F1

prunelier • D2

pseudo...... • A3 :
pseudoaccord
pseudobulbaire
pseudoespèce
pseudohémophilie
pseudomembrane
pseudomyopie
pseudoopération
pseudoptosis (+G1)
pseudorubis
pseudosaphir
pseudoscience
pseudosigne
pseudotumeur, etc.

> Pour éviter o + i, on met le trait d'union : pseudo-instruction.

RECTIFICATIONS – **A1**, **A2**, **A3** : soudure (avec le préfixe) ; **A4** : soudure (mot étranger ou onomatopée) ; **A5** : soudure ; **A6** : trait d'union ; **B1**, **B2** : singulier et pluriel réguliers ; **C1** : è et non é ; **C2** : sans accent circonflexe sur i ou u ; **C3** : tréma sur u ; **C4** : accent pour francisation ; **D1** : -èle et non -elle, ou -ète et non -ette ; **D2**, **D3** : ccnsonne simple ; **F1**, **F2** : anomalie rectifiée ; **F3** : accent ajouté ; **F4** : -ill- au lieu de -illi-.

psi (lettre grecque)
• B2 : des ps<u>i</u>s

psycho...... • A3 :
<u>psycho</u>affectif/ive
<u>psycho</u>analeptique
<u>psycho</u>corporel/elle
<u>psycho</u>culturel/elle
<u>psycho</u>économie
<u>psycho</u>éducation
<u>psycho</u>moteur/trice
<u>psycho</u>névrose
<u>psycho</u>social/ale
<u>psycho</u>sociologie, etc.

> Pour éviter o + i, on met le trait d'union : psycho-immunologie.

ptérygo...... • A3 :
<u>ptérygo</u>maxillaire
<u>ptérygo</u>palatin/ine

pt<u>o</u>se
pt<u>o</u>sis • G1

publi...... • A3 :
<u>publi</u>atelier
<u>publi</u>fiche
<u>publi</u>information

pu<u>i</u>né/ée • C2

puiss<u>è</u>-je (rare) • C1

pu<u>ll</u>over • A4 ou
pu<u>ll</u>ov<u>eur</u> • A4, G21
(deux prononciations possibles ; ce mot est parfois considéré comme un anglicisme)

pulqu<u>é</u> • C4

pun<u>ch</u> • B2 : des pun<u>ch</u>s
(on dit aussi ponch au sens de boisson)

puntill<u>é</u>ro • C4

pupa<u>zz</u>o • B2 :
des pupa<u>zz</u>os

puss<u>è</u>-je (rare) • C1

puts<u>ch</u> • B2 :
des puts<u>ch</u>s

putt<u>o</u> • B2 :
des putt<u>o</u>s

pyélo...... • A3 :
<u>pyélo</u>néphrite

pyro...... • A3 :
<u>pyro</u>acide
<u>pyro</u>électricité
<u>pyro</u>traumatologie, etc.

◇

RECOMMANDATIONS – G1 à G20 : il existait au moins deux variantes, il faut choisir la forme la plus simple ou la plus française (**G1** : choisir sans accent ; **G2** : choisir sans **h** ; **G3 à G16** : choisir cette forme plus française ; **G17** : choisir avec la consonne simple ; **G18** : choisir singulier et pluriel réguliers ; **G19** : choisir la soudure ; **G20** : choisir cette forme) ; **G21** : **-eur** au lieu de **-er** ; **G22 à G24** : forme recommandée. **RÈGLES : p. 170.**

Q

quanta • B2 :
des quantas
quantum • B2 :
des quantums
quarante • A6 :
quarante-et-un
quarante-et-unième
cent-quarante-sept
quarante-six-millions
quarante-milliards, etc.
quartanier • G17
quartette (quatre musiciens) • G20
quartier-maitre • C2
quatorze • A6 :
cent-quatorze
quatorze-cents
six-cent-quatorze
quatorze-mille
quatorze-milliards, etc.
quatre • A6 :
cent-quatre
cent-quatre-vingt-dix
quatre-cents
quatre-mille-quatre
quatre-millions, etc.

québécois/oise • F3

> **Québécois a-t-il bien deux accents ?**
>
> Oui. Québécois est un mot formé à partir du nom Québec et il prend deux accents. Il fut une époque où il ne portait qu'un seul accent aigu. La présence requise du second accent (celui qui était manquant) a été confirmée par le Conseil supérieur de la langue française. On l'écrit toujours avec deux accents aigus de nos jours.

québracho • C4
quéchua • C4
quésadilla • C4
quichenotte • G11
quiller (nom) • F4
quincailler
quincaillère • F4
quintette (cinq musiciens) • G20

RECTIFICATIONS – **A1**, **A2**, **A3** : soudure (avec le préfixe) ; **A4** : soudure (mot étranger ou onomatopée) ; **A5** : soudure ; **A6** : trait d'union ; **B1**, **B2** : singulier et pluriel réguliers ; **C1** : è et non é ; **C2** : sans accent circonflexe sur **i** ou **u** ; **C3** : tréma sur **u** ; **C4** : accent pour francisation ; **D1** : -èle et non -elle, ou -ète et non -ette ; **D2**, **D3** : consonne simple ; **F1**, **F2** : anomalie rectifiée ; **F3** : accent ajouté ; **F4** : -ill- au lieu de -illi-.

quinze • A6 :
  cent-quinze
  quinze-cents
  quinze-mille-quinze
  quinze-milliards, etc.

quipou • G9

quocgnu • A4, G1, B2 :
  des quocgnus

quotepart • A5

Le logiciel gratuit
Recto-Verso,
développé en Belgique,
permet de rectifier des
textes **instantanément**.
On peut y accéder par
nouvelleorthographe.info.
PROCÉDURE :
copier son texte
puis le **coller** (en ligne);
cliquer ensuite sur le
bouton « **Rectifier** ».

R

rabat-...... • B1 :
  un rabat-eau
  des rabat-eaux
  un rabat-foin
  des rabat-foins
  un/une rabat-joie
  des rabat-joies
  un rabat-vent
  des rabat-vents
  etc.

rabiole • D3

raca • G17

rachianesthésie • A3

racquetball • A4

radiculo...... • A3 :
  radiculocordonal/ale

radio...... • A3 :
  radioactivité
  radioastronomie
  radioélectricité
  radioélément
  radioguidage
  radiohuméral/ale
  radiojournal
  radionavigation
  radiooncologie

RECOMMANDATIONS – G1 à G20 : il existait au moins deux variantes, il faut choisir la forme la plus simple ou la plus française (**G1** : choisir sans accent ; **G2** : choisir sans h ; **G3 à G16** : choisir cette forme plus française ; **G17** : choisir avec la consonne simple ; **G18** : choisir singulier et pluriel réguliers ; **G19** : choisir la soudure ; **G20** : choisir cette forme) ; **G21** : **-eur** au lieu de **-er** ; **G22 à G24** : forme recommandée.   **RÈGLES : p. 170.**

radiooncologue
radioréveil
radioroman
radiotaxi
radiotrottoir, etc.

> Pour éviter o + i, on met le trait d'union :
> radio-immunologie
> radio-indicateur
> radio-isotope (parfois on met le tréma : radioïsotope).

> Doit-on souder radio...?
> Oui. Dans tous ses sens, radio... est soudé (sauf devant i ou u, pour éviter une prononciation fautive).

rafflésia • C4

raffut (au rugby) • C2

raffutage
raffuter • C2

rafraichi/ie
rafraichir
rafraichissage
rafraichissant/ante
rafraichissement
rafraichisseur/euse
rafraichissoir • C2

ragout
ragoutant/ante
ragouter • C2

railroute • G19, G18 :
des railroutes

raja ou **radja** • C22
(deux prononciations)

ralléger • C1 :
je rallègerai

ramasse-...... • B1 :
un ramasse-miette
des ramasse-miettes
un ramasse-monnaie
des ramasse-monnaies
un ramasse-poussière
des ramasse-poussières
etc.

ranch • B2 :
des ranchs

range-...... • B1 :
un range-cassette
des range-cassettes
un range-couvert
des range-couverts
un range-monnaie
des range-monnaies
etc.

rangetout • A5

RECTIFICATIONS – A1, **A2**, **A3** : soudure (avec le préfixe) ; **A4** : soudure (mot étranger ou onomatopée) ; **A5** : soudure ; **A6** : trait d'union ; **B1**, **B2** : singulier et pluriel réguliers ; **C1** : è et non é ; **C2** : sans accent circonflexe sur i ou u ; **C3** : tréma sur u ; **C4** : accent pour francisation ; **D1** : -èle et non -elle, ou -ète et non -ette ; **D2**, **D3** : consonne simple ; **F1**, **F2** : anomalie rectifiée ; **F3** : accent ajouté ; **F4** : -ill- au lieu de -illi-.

rapiécer • C1 :
je rapiècerai

rapièceter • C1, D1 :
C1 : je rapiècetais
    nous rapiècetons
    vous rapiècetiez
    rapiècetant
    rapièceté ;
D1 : je rapiécète
    je rapiécèterai

rapointir • G17

r̲apsode
r̲apsoder
r̲apsodie
r̲apsodique
r̲apsodiste • G2

raquetier/ère • D2
(on dit aussi
ra̲quettier/ère)

rase-…… • B1 :
un rase-motte̲
des rase-motte̲s
un rase-roulea̲u
des rase-roulea̲ux
un rase-vague̲
des rase-vague̲s, etc.

rassérènement • C1
rasséréner • C1 :
je rassérènerai

rassoir • F2

râteler • D1 :
je râtèle
je râtèlerai

ravioli • B2 :
des raviolis

raviolini • B2 :
des raviolinis

ravioloni • B2 :
des raviolonis

réaffutage
réaffuter • C2

réaléser • C1 :
je réalèserai

réalpolitique • C4, G11

réapparaitre • C2 :
il réapparait
je réapparaitrai

rebéquer • C1 :
je rebèquerai

rebruler • C2

recacheter • D1 :
je recachète
je recachèterai

recarreler • D1 :
je recarrèle
je recarrèlerai

RECOMMANDATIONS – G1 à G20 : il existait au moins deux variantes, il faut choisir la forme la plus simple ou la plus française (**G1** : choisir sans accent ; **G2** : choisir sans **h** ; **G3 à G16** : choisir cette forme plus française ; **G17** : choisir avec la consonne simple ; **G18** : choisir singulier et pluriel réguliers ; **G19** : choisir la soudure ; **G20** : choisir cette forme) ; **G21** : **-eur** au lieu de **-er** ; **G22 à G24** : forme recommandée.   **RÈGLES** : **p. 170.**

Nouvelle orthographe : la liste simplifiée

recéder • C1 :
je recèderai

recélé • F3
(on dit aussi recelé)

recéler • F3, C1 :
je recèlerai
(à l'infinitif, on dit aussi receler)

recéleur/euse • F3 (on dit aussi receleur/euse)

recépage • F3
(on dit aussi recepage)

recépée • F3
(on dit aussi recepée)

recéper • F3, C1 :
je recèperai
(à l'infinitif, on dit aussi receper)

réchauffe-...... • B1 :
un réchauffe-sang
des réchauffe-sangs
un réchauffe-airs
des réchauffe-airs, etc.

réclusionnaire • F3

recomparaitre • C2 :
il recomparait
je recomparaitrai

reconnaitre • C2 :
elle reconnait
je reconnaitrai

reconsidérer • C1 :
je reconsidèrerai

recordman • B2 :
des recordmans
(anglicisme : préférer un terme tel que détenteur du record)

recordwoman • B2 :
des recordwomans
(anglicisme : préférer un terme tel que détentrice du record)

récréo...... • A3 :
récréotouristique

recroitre • C2 :
recru (participe passé)
il recroit
je recroitrai

recru (nom masculin, en foresterie) • C2

recto...... • A3 :
rectocolite

récupérer • C1 :
je récupèrerai

RECTIFICATIONS – A1, **A2**, **A3** : soudure (avec le préfixe) ; **A4** : soudure (mot étranger ou onomatopée) ; **A5** : soudure ; **A6** : trait d'union ; **B1**, **B2** : singulier et pluriel réguliers ; **C1** : è et non é ; **C2** : sans accent circonflexe sur **i** ou **u** ; **C3** : tréma sur **u** ; **C4** : accent pour francisation ; **D1** : -èle et non -elle, ou -ète et non -ette ; **D2**, **D3** : consonne simple ; **F1**, **F2** : anomalie rectifiée ; **F3** : accent ajouté ; **F4** : -ill- au lieu de -illi-.

redevoir • C2 :
 red**u**, redus
 redue, redues
référend*um* • C4, B2 :
 des référend**ums**
référer • C1 :
 je réf**è**rerai
refléter • C1 :
 je refl**è**terai
réflex (appareil-photo)
 • C4 (ne pas confondre
 avec réflexe : réaction)
réfr*è*nement • F3
réfréner • F3, C1 :
 je réfr**è**nerai
réfrigérer • C1 :
 je réfrig**è**rerai
régénérer • C1 :
 je régén**è**rerai
r*è*glementaire
r*è*glementairement
r*è*glementarisme
r*è*glementariste
r*è*glementateur/trice
r*è*glementation
r*è*glementer • C1
régler • C1 :
 je r**è**glerai

régner • C1 :
 je r**è**gnerai
réincarcérer • C1 :
 je réincarc**è**rerai
réinsérer • C1 :
 je réins**è**rerai
réintégrer • C1 :
 je réint**è**grerai
réinterpréter • C1 :
 je réinterpr**è**terai
réitérer • C1 :
 je réit**è**rerai
re*i*tre • C2
rel*ai* • F2
reléguer • C1 :
 je rel**è**guerai
reloqueter • D1 :
 je reloqu**è**te
 je reloqu**è**terai
rembo*i*tage
rembo*i*tement
rembo*i*ter • C2

> Avez-vous fait le
> **court exercice**
> de la page 195 ?

RECOMMANDATIONS – G1 à G20 : il existait au moins deux variantes, il faut choisir la forme la plus simple ou la plus française (**G1** : choisir sans accent ; **G2** : choisir sans **h** ; **G3 à G16** : choisir cette forme plus française ; **G17** : choisir avec la consonne simple ; **G18** : choisir singulier et pluriel réguliers ; **G19** : choisir la soudure ; **G20** : choisir cette forme) ; **G21** : **-eur** au lieu de **-er** ; **G22 à G24** : forme recommandée.   **RÈGLES : p. 170.**

remonte-...... • B1 :
 un remonte-pente
 des remonte-pentes
rempaqueter • D1 :
 je rempaquète
 je rempaquèterai
rempiètement • C1
rempiéter • C1 :
 je rempièterai
remue-...... • B1 :
 un remue-ménage
 des remue-ménages
 un remue-méninge
 des remue-méninges
rémunérer • C1 :
 je rémunèrerai
renaitre • C2 :
 elle renait
 je renaitrai
renchainer • C2
renfaitage
renfaiter • C2
rengréner • C1 :
 je rengrènerai
 (à l'infinitif, on dit
 et on écrit aussi
 rengrener)

renouvèlement • D1
renouveler • D1 :
 je renouvèle
 je renouvèlerai
renvergeüre (rare)
 • C3
réopérer • C1 :
 je réopèrerai
repaitre • C2 :
 elle repait
 je repaitrai
reparaitre • C2 :
 il reparait
 je reparaitrai
répartie (réplique) • F3
 (on dit parfois repartie)
répartir (répliquer) • F3
 (on dit parfois repartir)
repérer • C1 :
 je repèrerai
répéter • C1 :
 je répèterai
repose-...... • B1 :
 un repose-pied
 des repose-pieds
 un repose-tête
 des repose-têtes, etc.

RECTIFICATIONS – **A1**, **A2**, **A3** : soudure (avec le préfixe) ; **A4** : soudure (mot étranger ou onomatopée) ; **A5** : soudure ; **A6** : trait d'union ; **B1**, **B2** : singulier et pluriel réguliers ; **C1** : è et non é ; **C2** : sans accent circonflexe sur **i** ou **u** ; **C3** : tréma sur **u** ; **C4** : accent pour francisation ; **D1** : -**èle** et non -**elle**, ou -**ète** et non -**ette** ; **D2**, **D3** : consonne simple ; **F1**, **F2** : anomalie rectifiée ; **F3** : accent ajouté ; **F4** : -**ill**- au lieu de -**illi**-.

www.**nouvelle**orthographe.info

repousse-...... • B1 :
  un repousse-pe<u>au</u>
  des repousse-pe<u>aux</u>
  un repousse-taqu<u>et</u>
  des repousse-taqu<u>ets</u>
  etc.

réséquer • C1 :
  je rés<u>è</u>querai

résonance
résonant/ante • G17

résou<u>t</u>, résoute • F2
  (participe passé rare,
  la forme moderne est
  plutôt résolu/ue)

ressemeler • D1 :
  je ressem<u>è</u>le
  je ressem<u>è</u>lerai

réticulo...... • A3 :
  <u>réticulo</u>endothélial/ale
  <u>réticulo</u>histiocytose
  <u>réticulo</u>péritonite
  <u>réticulo</u>spinal/ale
  etc.

<u>r</u>étien/enne • G2

rétino...... • A3 :
  <u>rétino</u>choroïdite
  <u>rétino</u>papillite

<u>r</u>étique • G2
<u>r</u>éto-roman/ane • G2
  Le trait d'union marque une
  relation de coordination ici.
  (Détails à la page 171.)

rétro...... • A3 :
  <u>rétro</u>action
  <u>rétro</u>aplanir
  <u>rétro</u>contrôle
  <u>rétro</u>éclairage
  <u>rétro</u>oculaire
  <u>rétro</u>projecteur, etc.

  Pour éviter o + i, on met
  le trait d'union :
  rétro-ingénierie
  rétro-inhibition.

rétrocéder • C1 :
  je rétroc<u>è</u>derai

réunionite • G17

réveille-matin • B1 :
  des réveille-matin<u>s</u>

révéler • C1 :
  je rév<u>è</u>lerai

réverbérer • C1 :
  je réverb<u>è</u>rerai

révérer • C1 :
  je rév<u>è</u>rerai

RECOMMANDATIONS – G1 à G20 : il existait au moins deux variantes, il faut choisir la forme la plus simple ou la plus française (**G1** : choisir sans accent ; **G2** : choisir sans **h** ; **G3 à G16** : choisir cette forme plus française ; **G17** : choisir avec la consonne simple ; **G18** : choisir singulier et pluriel réguliers ; **G19** : choisir la soudure ; **G20** : choisir cette forme) ; **G21** : **-eur** au lieu de **-er** ; **G22 à G24** : forme recommandée.   **RÈGLES : p. 170.**

révolutionarisme
révolutionariste • G17
révolver
révolvériser • C4
rhino...... • A3 :
  rhinoamygdalite
  rhinobronchite
  rhinopharyngite
  rhinopneumonie
  rhinosalpingite, etc.
rho (lettre grecque)
  • G1, B2 : des rhos
rhyolite
rhyolitique • G2
ricercaré • C4, B2 :
  des ricercarés
richi • G13
ricrac • A4
riesling • B2 :
  des rieslings
rigatoni • B2 :
  des rigatonis
rince-...... • B1 :
  un rince-bouche
  des rince-bouches
  un rince-bouteille
  des rince-bouteilles
  un rince-doigt
  des rince-doigts, etc.
riole • D3
ripiéno • C4, B2 :
  des ripiénos
riquiqui • G11, G18 :
  des riquiquis
risquetout • A5
rite • G20
riveter • D1 :
  je rivète
  je rivèterai
robinétier/ère • F3
  (on dit aussi
  robinetier/ère)
rockeur/euse • G21
rodéo • C4
rœsti • G20, B2 :
  des rœstis
rogne-...... • B1 :
  un rogne-papier
  des rogne-papiers
  un rogne-pied
  des rogne-pieds
romancéro • C4
rondpoint • A5

RECTIFICATIONS – **A1**, **A2**, **A3** : soudure (avec le préfixe) ; **A4** : soudure (mot étranger ou onomatopée) ; **A5** : soudure ; **A6** : trait d'union ; **B1**, **B2** : singulier et pluriel réguliers ; **C1** : è et non é ; **C2** : sans accent circonflexe sur **i** ou **u** ; **C3** : tréma sur **u** ; **C4** : accent pour francisation ; **D1** : -èle et non -elle, ou -ète et non -ette ; **D2**, **D3** : consonne simple ; **F1**, **F2** : anomalie rectifiée ; **F3** : accent ajouté ; **F4** : -ill- au lieu de -illi-.

rongeüre (nom féminin rare : défaut de drap)
• C3 (ne pas confondre avec le nom masculin rongeur : animal)

rougegorge • G19

rougequeue • G19

roulotage
rouloté/ée
rouloter (rouler le bord légèrement) • D3

rouspéter • C1 :
je rouspèterai

rousserole • D3

royaltie • B2 : des royalties (anglicisme : préférer un terme tel que redevances, droits)

rubro...... • A3 :
rubrocérébelleux/euse
rubrospinal/ale

rugbyman • B2 :
des rugbymans (anglicisme : préférer le terme joueur de rugby)

ruine-...... • B1 :
un ou une ruine-babine
des ruine-babines
un/une ruine-fer
des ruine-fers, etc.

ruissèlement • D1

ruisseler • D1 :
je ruissèle
je ruissèlerai

rush • B2 : des rushs (anglicisme : préférer un terme tel que surcharge, pointe, affluence...)

« Aucune des deux graphies [ni l'ancienne ni la nouvelle] ne peut être tenue pour fautive. »

Déclaration précédant les listes du dictionnaire de l'*Académie française* dans les fascicules du *Journal officiel de la République française.*

RECOMMANDATIONS – G1 à G20 : il existait au moins deux variantes, il faut choisir la forme la plus simple ou la plus française (**G1** : choisir sans accent ; **G2** : choisir sans **h** ; **G3 à G16** : choisir cette forme plus française ; **G17** : choisir avec la consonne simple ; **G18** : choisir singulier et pluriel réguliers ; **G19** : choisir la soudure ; **G20** : choisir cette forme) ; **G21** : **-eur** au lieu de **-er** ; **G22 à G24** : forme recommandée. **RÈGLES : p. 170.**

S

saccarase
saccarate
saccaréine
saccareux/euse
saccaride
saccaridé
saccarifère
saccarifiable
saccarificateur
saccarification
saccarifier
saccarimètre
saccarimétrie
saccarimétrique
saccarin/ine
saccarine
saccariné/ée
saccariner
saccarinique
saccarique
saccaroïde
saccarolé
saccarolectique
saccaromètre
saccaromycès (+C4)
saccaromycétacée
saccaromycète
saccaromycose
saccarose
saccarure • F2

sacro...... • A3 :
sacrococcygien/enne
sacrolombaire
sacrosaint/te
sacrosciatique
sacrovertébral/ale, etc.

> Pour éviter o + i, on met le trait d'union :
> sacro-iliaque.

sadicoanal/ale • A3

saducéen/enne • G17

sagefemme • A5

sainbois • G19

saladéro • C4

salmonella • B2 :
des salmonellas

salpingo...... • A3 :
salpingoovarien/enne
salpingoovarite, etc.

samouraï • G9, G20

sanatorium • B2 :
des sanatoriums

sanbénito • A4, C4, B2 : des sanbénitos

RECTIFICATIONS – **A1**, **A2**, **A3** : soudure (avec le préfixe) ; **A4** : soudure (mot étranger ou onomatopée) ; **A5** : soudure ; **A6** : trait d'union ; **B1**, **B2** : singulier et pluriel réguliers ; **C1** : **è** et non **é** ; **C2** : sans accent circonflexe sur **i** ou **u** ; **C3** : tréma sur **u** ; **C4** : accent pour francisation ; **D1** : -**èle** et non -**elle**, ou -**ète** et non -**ette** ; **D2**, **D3** : consonne simple ; **F1**, **F2** : anomalie rectifiée ; **F3** : accent ajouté ; **F4** : -**ill**- au lieu de -**illi**-.

sandix • G20

sandwich • B2:
des sandwichs

sans-...... • B1:
un/une sans-abri
des sans-abris
un/une sans-cœur
des sans-cœurs
un/une sans-dessein
des sans-desseins
un sans-faute
des sans-fautes
un/une sans-génie
des sans-génies
un/une sans-grade
des sans-grades
un/une sans-papier
des sans-papiers, etc.

sanscrit
sanscrit/ite
sanscritisme
sanscritiste • G10

saqueboute ou
saquebute • G11
(deux prononciations)

saquer • G11

sarracénia • C4

satellite-relai • F2

sati • G1, C2, B2:
des satis

satisfécit • C4, B2:
des satisfécits

saufconduit • A5

sauteler • D1:
je sautèle
je sautèlerai

saute-...... • B1:
un saute-mouton
des saute-moutons
un saute-ruisseau
des saute-ruisseaux
un saute-vent
des saute-vents, etc.

scampi • B2:
des scampis

scapulo...... • A3:
scapulohuméral/ale

scato...... • A3:
scatostriotubule

scénario • C4, B2:
des scénarios

scéno...... • A3:
scénotest

RECOMMANDATIONS – G1 à G20: il existait au moins deux variantes, il faut choisir la forme la plus simple ou la plus française (**G1**: choisir sans accent; **G2**: choisir sans **h**; **G3 à G16**: choisir cette forme plus française; **G17**: choisir avec la consonne simple; **G18**: choisir singulier et pluriel réguliers; **G19**: choisir la soudure; **G20**: choisir cette forme); **G21**: **-eur** au lieu de **-er**; **G22 à G24**: forme recommandée. **RÈGLES: p. 170.**

schefflér̲a • C4
schizosac̲c̲aromycès̲ • F2, C4
schnork̲el • G12
scléro...... • A3 :
scl̲érochoroïdite
scl̲éroconjonctivite
scl̲érocornéen/enne
scl̲érokératite, etc.

> Pour éviter o + i, on met le trait d'union : scléro-iritis.

sc̲oliaste
sc̲olie • G10
sc̲ons̲e • G10, G3, G20
scooteur • G21 et la forme **sc̲outeur** (G9, G21) commence à être attestée ; on peut dire aussi scooter (ce mot peut rimer avec hiver)
scotch̲ (whisky écossais) • B2 : des scotc̲hs
scripto...... • A3 : scriptovisuel/elle
scutum̲ • B2 : des scutum̲s

sebk̲a • G2
sèche-...... • B1 :
 un sèche-cheveu̲
 des sèche-cheveux̲
 un sèche-glace
 des sèche-glaces̲
 un sèche-linge
 des sèche-linges̲
 un sèche-main
 des sèche-mains̲, etc.
sécher • C1 :
 je sècherai
sècheresse • C1
sècherie • C1
secréter (traiter au nitrate mercureux) • C1 :
 je secrèterai
sécréter (produire par sécrétion) • C1 :
 je sécrèterai
séd̲um • C4
séfarad̲e • C4, G16, B2 : des séfarades̲
séfardi̲ • C4, B2 : des séfardis̲
ség̲uia • C4, G20
séguidilla • C4

RECTIFICATIONS – **A1**, **A2**, **A3** : soudure (avec préfixe) ; **A4** : soudure (mot étranger ou onomatopée) ; **A5** : soudure ; **A6** : trait d'union ; **B1**, **B2** : singulier et pluriel réguliers ; **C1** : è et non é ; **C2** : sans accent circonflexe sur **i** ou **u** ; **C3** : tréma sur **u** ; **C4** : accent pour francisation ; **D1** : **-èle** et non **-elle**, ou **-ète** et non **-ette** ; **D2**, **D3** : consonne simple ; **F1**, **F2** : anomalie rectifiée ; **F3** : accent ajouté ; **F4** : **-ill-** au lieu de **-illi-**.

seize • A6 :
  cent-seize
  seize-cents
  seize-mille
  seize-mille-seize
  seize-millions-seize
  seize-milliards, etc.
s<u>é</u>lect, **s<u>é</u>lecte** • C4
self-made-m<u>a</u>n
self-made-w<u>o</u>man • B2 :
  des self-made-m<u>a</u>ns
  des self-made-w<u>o</u>m<u>a</u>ns
  (anglicismes : préférer un terme tel autodidacte)
sémantico...... • A3 :
  <u>sémantico</u>logique
  <u>sémantico</u>syntaxique
s<u>é</u>mencontr<u>a</u> • A4, C4, B2 : des sémencontr<u>a</u>s
sémio...... • A3 :
  <u>sémio</u>culturel/elle
  <u>sémio</u>linguistique
sempervi<u>vum</u> • B2 :
  des sempervi<u>vum</u>s
s<u>è</u>neçon • C1
s<u>é</u>nescence
s<u>é</u>nescent/ente • F3

s<u>é</u>nestre
s<u>é</u>nestrochère
s<u>é</u>nestrogyre • F3
s<u>é</u>nestrors<u>um</u> • C4, B2 :
  des tours sénestrors<u>um</u>s
s<u>è</u>nevé • C1
s<u>é</u>nior, **s<u>é</u>niore** • C4
s<u>é</u>niora • C4, G22
s<u>é</u>niorerie
s<u>é</u>niorie • C4
s<u>é</u>niorita • C4, G22
sensitivo...... • A3 :
  <u>sensitivo</u>moteur/trice
  <u>sensitivo</u>sensitif/ive
  <u>sensitivo</u>sensoriel/elle
  etc.
sensori...... • A3 :
  <u>sensori</u>moteur/trice
sept • A6 :
  cent-sept
  sept-cents
  sept-cent-sept
  sept-mille
  sept-mille-sept-cents
  sept-millions
  sept-millions-sept
  sept-milliards, etc.

RECOMMANDATIONS – G1 à G20 : il existait au moins deux variantes, il faut choisir la forme la plus simple ou la plus française (**G1** : choisir sans accent ; **G2** : choisir sans **h** ; **G3 à G16** : choisir cette forme plus française ; **G17** : choisir avec la consonne simple ; **G18** : choisir singulier et pluriel réguliers ; **G19** : choisir la soudure ; **G20** : choisir cette forme) ; **G21** : **-eur** au lieu de **-er** ; **G22 à G24** : forme recommandée.   **RÈGLES : p. 170.**

septante • A6 :
 septante-et-un
 septante-et-unième
 cent-septante-trois
 septante-et-un-mille
 septante-millions, etc.
séquoia • C4
sérapéum • C4
séringuéro • C4
séro...... • A3 :
 séroagglutination
 séronégatif/ive, etc.
serpillère • F4
serre-...... • B1 :
 un serre-écrou
 des serre-écrous
 un serre-joint
 des serre-joints
 un serre-livre
 des serre-livres
 un serre-tête
 des serre-têtes, etc.
servo...... • A3 :
 servoamortisseur
 servodirection
 servoouvrabilimètre
 etc.

sexy • B2 :
 des acteurs sexys
 (anglicisme : préférer un
 terme tel que désirable,
 séduisant, attrayant...)
shakeur • G21
 (anglicisme : préférer un
 terme tel mélangeur)
shako • G14
shampoing • G20
shampouineur/euse
shampouiner • G9
shékel • C4
shéol • G14
shérif • G17
shinto • G1
shivaïsme
shivaïte • G20
shogoun
shogounal/ale
shogounat • G9
show • B2 : des shows
 (anglicisme : préférer un
 terme tel spectacle)
sidérer • C1 :
 je sidèrerai

RECTIFICATIONS – A1, **A2**, **A3** : soudure (avec le préfixe) ; **A4** : soudure (mot étranger ou onomatopée) ; **A5** : soudure ; **A6** : trait d'union ; **B1**, **B2** : singulier et pluriel réguliers ; **C1** : è et non é ; **C2** : sans accent circonflexe sur i ou u ; **C3** : tréma sur u ; **C4** : accent pour francisation ; **D1** : **-èle** et non **-elle**, ou **-ète** et non **-ette** ; **D2**, **D3** : consonne simple ; **F1**, **F2** : anomalie rectifiée ; **F3** : accent ajouté ; **F4** : **-ill-** au lieu de **-illi-**.

sidérolite
sidérolitique • G2
sidéro...... • A3 :
 sidérosilicose
siéger • C1 :
 je siègerai
sigma • B2 :
 des sigmas
silico...... • A3 :
 silicosidérose
 silicotuberculose
s'il te plait
s'il vous plait • C2
simili...... • A3 :
 similitimbrage
siné qua non • C4
siroco • G17
sismo...... • A3 :
 sismosondage
six • A6 :
 cent-six
 six-cents
 trente-six-mille
 six-mille-six
 six-millions-six, etc.
sketch • B2 :
 des sketchs

smala • G2
smash • B2 : des smashs
 (anglicisme : préférer un
 terme plus français)
snackbar • A4
 (anglicisme : préférer un
 terme plus français)
snif
snifer • G17
snob • B2 :
 des snobs
socio...... • A3 :
 socioaffectif/ive
 socioanalyse
 socioculturel/elle
 sociodémographique
 socioéconomique
 socioéducatif/ive
 sociohistorique
 socioprofessionnel/elle
 sociojuridique, etc.

> Pour éviter o + i, on met
> le trait d'union :
> socio-ingénierie.

soir (au lieu de seoir)
 • F2 (verbe vieilli et
 rare signifiant convenir
 ou être assis ou situé)

RECOMMANDATIONS – G1 à G20 : il existait au moins deux variantes, il faut choisir la forme la plus simple ou la plus française (**G1** : choisir sans accent ; **G2** : choisir sans **h** ; **G3 à G16** : choisir cette forme plus française ; **G17** : choisir avec la consonne simple ; **G18** : choisir singulier et pluriel réguliers ; **G19** : choisir la soudure ; **G20** : choisir cette forme) ; **G21** : **-eur** au lieu de **-er** ; **G22 à G24** : forme recommandée. **RÈGLES : p. 170.**

soixante • A6 :
 soixante-et-un
 soixante-et-unième
 soixante-et-onze
 cent-soixante
 deux-cent-soixante-dix
 soixante-mille
 soixante-millions
 soixante-milliards, etc.

solarium • B2 :
 des solariums

solo • B2 :
 des solos

somato...... • A3 :
 somatoagnosie
 somatopsychique
 somatosensible, etc.

sombréro • C4, B2 :
 des sombréros

soprano • B2 :
 des sopranos

sorgo nm • F2, G2

sosténuto • C4

sottie • F1

soucheter • D1 :
 je souchète
 je souchèterai

souchong • A4, B2 :
 des souchongs

soude-...... • B1 :
 un soude-sac
 des soude-sacs

soudo...... • A3 :
 soudobrasage
 soudodiffusant/ante

souffleter • D1 :
 je soufflète
 je soufflèterai

souffre-...... • B1 :
 un souffre-douleur
 des souffre-douleurs

soufi/ie
soufisme • G9

souimanga • A4, G9, G1

soul, soule • G20, C2

soulant/ante
soulard/arde
soulaud/aude • C2

souler • G20, C2

soulerie • G20, C2

soulographe
soulographie
soulon/onne
soulot/ote • C2

RECTIFICATIONS – **A1**, **A2**, **A3** : soudure (avec le préfixe) ; **A4** : soudure (mot étranger ou onomatopée) ; **A5** : soudure ; **A6** : t-ait d'union ; **B1**, **B2** : singulier et pluriel réguliers ; **C1** : sans accent circonflexe sur **i** ou **u** ; **C2** : sans accent circonflexe sur **i** ou **u** ; **C3** : tréma sur **u** ; **C4** : accent pour francisation ; **D1** : **-èle** et non **-elle**, ou **-ète** et non **-ette** ; **D2**, **D3** : consonne simple ; **F1**, **F2** : anomalie rectifiée ; **F3** : accent ajouté ; **F4** : **-ill-** au lieu de **-illi-**.

sous-...... • B1 :
un sous-fai<u>te</u> (+C2)
des sous-fai<u>tes</u> (+C2)
une sous-gor<u>ge</u>
des sous-gor<u>ges</u>
un sous-mai<u>n</u>
des sous-mai<u>ns</u>
un sous-mai<u>tre</u> (+C2)
des sous-mai<u>tres</u> (+C2)
un sous-sei<u>n</u>
des sous-sei<u>ngs</u>
un sous-verre
des sous-verr<u>es</u>, etc.

<u>sou</u>tasse • G19, G20

<u>sou</u>tra • G9, C2

<u>souvente</u>fois • G19, G20

spaghett<u>i</u> • B2 :
des spaghett<u>is</u>

<u>sparte</u> (plante) • G20

spatio...... • A3 :
<u>spatio</u>temporel/elle

spectro...... • A3 :
<u>spectro</u>comparateur
<u>spectro</u>tubérantiel/elle

spéculo<u>s</u> • G20

spéculu<u>m</u> • C4, B2 :
des spéculu<u>ms</u>

speech • B2 :
des speec<u>hs</u>
(anglicisme : préférer un terme tel discours)

spermac<u>é</u>ti • C4

sphacéler • C1 :
je sphac<u>è</u>lerai

sphéno...... • A3 :
<u>sphéno</u>maxillaire
<u>sphéno</u>palatin/ine

sphygmo...... • A3 :
<u>sphygmo</u>oscillomètre
<u>sphygmo</u>oxymètre

<u>s</u>pinabifida • A4, B2 :
des spinabifida<u>s</u>

<u>s</u>pinaventosa • A4, B2 :
des spinaventosa<u>s</u>

spino...... • A3 :
<u>spino</u>basocellulaire
<u>spino</u>cellulaire
<u>spino</u>cérébelleux/euse
<u>spino</u>réticulaire
<u>spino</u>thalamique, etc.

spiro...... • A3 :
<u>spiro</u>ergométrie

spléno...... • A3 :
<u>spléno</u>portographie

RECOMMANDATIONS – G1 à G20 : il existait au moins deux variantes, il faut choisir la forme la plus simple ou la plus française (**G1** : choisir sans accent ; **G2** : choisir sans **h** ; **G3 à G16** : choisir cette forme plus française ; **G17** : choisir avec la consonne simple ; **G18** : choisir singulier et pluriel réguliers ; **G19** : choisir la soudure ; **G20** : choisir cette forme) ; **G21** : **-eur** au lieu de **-er** ; **G22 à G24** : forme recommandée.   **RÈGLES : p. 170.**

sprinteur/euse • G21

squatteur/euse • G21

squirre

squirreux/euse • G2

staccato • B2 :
des staccatos

standard • B2 :
des produits standards

statolite • G2

statuquo • A4, B2 :
des statuquos

staturo...... • A3 :
staturopondéral/ale

stégomya • C4

stégosaurus • C4

stem (en ski) • G17

stemchristiania • A4

sténo...... • A3 :
sténodactylographe

stéréo...... • A3 :
stéréoagnosie
stéréochimique
stéréoéidomètre
stéréoencéphalographie
stéréoesthésimètre
stéréoorthophotographie
stéréoradiographie
stéréosélectivité, etc.

> Pour éviter o + i, on met le trait d'union :
> stéréo-isomère.

stérer • C1 :
je stèrerai

sterno...... • A3 :
sternoclaviculaire
sternohyoïdien, etc.

sternocléidomastoïdien
• A3

stimulus • B2 :
des stimulus

stoupa • G9, C2, B2 :
des stoupas

strato...... • A3 :
stratocumulus
stratovolcan

strige • G20

striptease • A4, B2 :
des stripteases
(anglicisme : préférer un terme plus français)

stripteaseur/euse • A4
(anglicisme : préférer un terme plus français)

RECTIFICATIONS – **A1**, **A2**, **A3** : soudure (avec le préfixe) ; **A4** : soudure (mot étranger ou onomatopée) ; **A5** : soudure ; **A6** : trait d'union ; **B1**, **B2** : singulier et pluriel réguliers ; **C1** : è et non é ; **C2** : sans accent circonflexe sur i ou u ; **C3** : tréma sur u ; **C4** : accent pour francisation ; **D1** : -èle et non -elle, ou -ète et non -ette ; **D2**, **D3** : consonne simple ; **F1**, **F2** : anomalie rectifiée ; **F3** : accent ajouté ; **F4** : -ill- au lieu de -illi-.

stylo...... • A3 :
styloglosse
stylohyoïdien/enne
stylopharyngien/enne
etc.

subaigu, subaigüe • C3

subdéléguer • C1 :
je subdélèguerai

succéder • C1 :
je succèderai

suggérer • C1 :
je suggèrerai

sui géneris • C4

sulfo...... • A3 :
sulfopolyhexaméthylène
sulfopolyméthylène

sulky • B2 :
des sulkys

sumo • B2 :
des sumos

super...... • A3 :
supergéant/ante
superléger/ère
superlourd/de
supermaniabilité
superordre
superproduction, etc.

supérette • C4

superman • B2 :
des supermans
(anglicisme : préférer un terme tel que surhomme ou superhomme)

supernova • B2 :
des supernovas

superwoman • B2 :
des superwomans
(anglicisme : préférer un terme tel superfemme)

supporteur/trice • G21
(anglicisme : préférer un terme tel que partisan, appui, souscripteur...)

supra...... • A3 :
supraalvéolie
supraauxiliaire
supraconscience
supraéruption
suprahumain/aine
supraliminaire
supranormal/ale
supraorbital/ale
supraventriculaire, etc.

Pour éviter a + i, on met le trait d'union :
supra-impérialisme
supra-information.

RECOMMANDATIONS – G1 à G20 : il existait au moins deux variantes, il faut choisir la forme la plus simple ou la plus française (**G1** : choisir sans accent ; **G2** : choisir sans h ; **G3 à G16** : choisir cette forme plus française ; **G17** : choisir avec la consonne simple ; **G18** : choisir singulier et pluriel réguliers ; **G19** : choisir la soudure ; **G20** : choisir cette forme) ; **G21** : **-eur** au lieu de **-er** ; **G22 à G24** : forme recommandée.   **RÈGLES : p. 170.**

sûr, surs (masculin)
sure, sures (féminin)
• C2

L'adjectif sûr (certain) suit la même règle que celle du participe passé dû : l'accent est maintenu sur le masculin singulier seulement : sûr (et dans l'expression bien sûr).

sur...... • A3 :
suradministré/ée
surdimensionné/ée
surinformation
surmoi (nom) (+G18)
surreprésenté/ée
surutilisation, etc.

Doit-on souder sur... ?

Oui, comme ci-dessus. Beaucoup de mots avec le préfixe sur... étaient déjà soudés depuis longtemps dans les dictionnaires, comme c'est le cas de plusieurs mots ci-après, touchés par d'autres règles : suraigüe, surcout, surentrainer, surprotéger

---

suraigu, suraigüe • C3

surcout • C2

surcroit • C2

surdimutité • A3

surement • C2

surentrainement
surentrainer • C2

sureté • C2

suricate • G10

suroit (vent) • C2

surpiqure • C2

surplace (nom) • G19

surprise-partie
• G20, B2 :
des surprises-parties

surprotéger • C1 :
je surprotègerai

surrèglementation
• C1

surrénalo...... • A3 :
surrénalostimuline

sursoir • F2 :
je sursoirai
je sursoirais

susdénommé/ée • G19

susvisé/ée • G19

RECTIFICATIONS – A1, **A2**, **A3** : soudure (avec le préfixe) ; **A4** : soudure (mot étranger ou onomatopée) ; **A5** : soudure ; **A6** : trait d'union ; **B1**, **B2** : singulier et pluriel réguliers ; **C1** : è et non é ; **C2** : sans accent circonflexe sur i ou u ; **C3** : tréma sur u ; **C4** : accent pour francisation ; **D1** : -èle et non -elle, ou -ète et non -ette ; **D2**, **D3** : consonne simple ; **F1**, **F2** : anomalie rectifiée ; **F3** : accent ajouté ; **F4** : -ill- au lieu de -illi-.

svastika • G15

sympa • G18 :
des gens symp<u>as</u>

sympathico...... • A3 :
<u>sympathico</u>mimétique
<u>sympathico</u>tonique

symposi<u>um</u> • B2 :
des symposi<u>ums</u>

synch<u>i</u>sis • G20

synchro...... • A3 :
<u>synchro</u>coupleur
<u>synchro</u>déphaseur
<u>synchro</u>émetteur
<u>synchro</u>numérique, etc.

syntactico...... • A3 :
<u>syntactico</u>sémantique

Pour une **autoformation** dans son milieu de travail : la trousse avec vidéo DIX RÈGLES, DIX ÉQUIPES (gratuite, voir page 13).

T

tab<u>è</u>s • C4

tacheter • D1 :
je tach<u>è</u>te
je tach<u>è</u>terai

tacon<u>é</u>os • C4

ta<u>c</u>tac • A4

tædi<u>um</u> vitæ • B2 :
des tædi<u>ums</u> vitæ

taekwondo • A4

ta<u>el</u> • G1

tag<u>uer</u> • G20

tag<u>ueur</u>/euse • G20, G21

taïchi • A4, G20

taïchichu<u>an</u> • A4, G20, B2 : des taïchichua<u>ns</u>

taille-...... • B1 :
un taille-bordur<u>e</u>
des taille-bordur<u>es</u>
un taille-crayo<u>n</u>
des taille-crayo<u>ns</u>
un taille-file<u>t</u>
des taille-file<u>ts</u>
un taille-hai<u>e</u>
des taille-hai<u>es</u>

RECOMMANDATIONS – G1 à G20 : il existait au moins deux variantes, il faut choisir la forme la plus simple ou la plus française (**G1** : choisir sans accent ; **G2** : choisir sans **h** ; **G3 à G16** : choisir cette forme plus française ; **G17** : choisir avec la consonne simple ; **G18** : choisir singulier et pluriel réguliers ; **G19** : choisir la soudure ; **G20** : choisir cette forme) ; **G21** : **-eur** au lieu de **-er** ; **G22 à G24** : forme recommandée.   **RÈGLES** : **p. 170.**

un taille-mer
des taille-mers
un taille-ongle
des taille-ongles
un taille-mine
des taille-mines
un taille-racine
des taille-racines
un taille-vent
des taille-vents, etc.

taliatelle • G22, B2 :
des taliatelles

talipot • G17

talweg • G2

tamtam • A4

tanin
tanique
tanisage
taniser • G17

taoïsme
taoïste • G1, G20

tapecul • G19

tape-marteau • B1 :
des tape-marteaux

tara • G1

tarbouche • G20

tarso...... • A3 :
tarsométatarsien/enne

tartignole • D3

tartufe
tartuferie • G17

tasse-...... • B1 :
un tasse-braise
des tasse-braises
un tasse-mouture
des tasse-moutures

tastevin • G19

tatami • B2 :
des tatamis

tâte-...... • B1 :
un tâte-vin
des tâte-vins

tau (lettre grecque)
• B2 : des taus
(ne pas confondre avec
taux ni avec taud)

tavaïole • D3

taveler • D1 :
je tavèle
je tavèlerai

taxum • B2 :
des taxums

RECTIFICATIONS – **A1**, **A2**, **A3** : soudure (avec le préfixe) ; **A4** : soudure (mot étranger ou onomatopée) ; **A5** : soudure ; **A6** : trait d'union ; **B1**, **B2** : singulier et pluriel réguliers ; **C1** : è et non é ; **C2** : sans accent circonflexe sur i ou u ; **C3** : tréma sur u ; **C4** : accent pour francisation ; **D1** : -èle et non -elle, ou -ète et non -ette ; **D2**, **D3** : consonne simple ; **F1**, **F2** : anomalie rectifiée ; **F3** : accent ajouté ; **F4** : -ill- au lieu de -illi-.

tch<u>a</u>o (au lieu de ciao)
• G20

tchervon<u>ets</u> • B2 :
des tchervon<u>ets</u>

tchintchin • A4

technico...... • A3 :
<u>technico</u>administratif/ive
<u>technico</u>commercial/ale
<u>technico</u>économique, etc.

techno...... • A3 :
<u>techno</u>bureaucratique
<u>techno</u>économique
<u>techno</u>terrorisme, etc.

tecto...... • A3 :
<u>tecto</u>spinal/ale

t<u>ee</u>shirt • A4
(mot parfois considéré
comme un anglicisme)

t<u>éfillin</u> • G2, C4, G16,
G20, B2 : des téfillin<u>s</u>

tek • G12

tél<u>é</u>...... • A3 :
<u>télé</u>achat
<u>télé</u>conférence
<u>télé</u>écriture
<u>télé</u>enseignement
<u>télé</u>évangéliste (on dit
aussi télévangéliste)

<u>télé</u>film
<u>télé</u>imprimeur
<u>télé</u>journal
<u>télé</u>mark<u>é</u>ting (+C4)
ou <u>télé</u>marketing
(selon la prononciation)
<u>télé</u>objectif
<u>télé</u>réalité
<u>télé</u>théâtre, etc.

tél<u>é</u>férage
tél<u>é</u>férique • G16

télém<u>é</u>trer • C1 :
je télém<u>è</u>trerai

t<u>é</u>lougou • C4, G9, B2 :
des télougou<u>s</u>

temp<u>é</u>rer • C1 :
je temp<u>è</u>rerai

temp<u>o</u> • B2 :
des tempo<u>s</u>

temporo...... • A3 :
<u>temporo</u>buccal/ale
<u>temporo</u>pariétal/ale
<u>temporo</u>maxillaire, etc.

t<u>é</u>nia • G5

tennism<u>an</u> • B2 :
des tennism<u>ans</u>
(anglicisme : préférer le
terme joueur de tennis)

RECOMMANDATIONS – G1 à G20 : il existait au moins deux variantes, il faut choisir la forme la plus simple ou la plus française (**G1** : choisir sans accent ; **G2** : choisir sans **h** ; **G3 à G16** : choisir cette forme plus française ; **G17** : choisir avec la consonne simple ; **G18** : choisir singulier et pluriel réguliers ; **G19** : choisir la soudure ; **G20** : choisir cette forme) ; **G21** : **-eur** au lieu de **-er** ; **G22 à G24** : forme recommandée.   **RÈGLES : p. 170.**

tenniswoman • B2 :
des tenniswom**ans**
(anglicisme : préférer le terme joueuse de tennis)

té**norino** • C4

tensio...... • A3 :
tensioactif/ive
tensioactivité, etc.

té**nuto** • C4

téocali • C4, G17

téorbe • G2

tépidariu**m** • C4, B2 :
des tépidari**ums**

téquila • C4

téra...... • A3 :
téraeuro, etc.

té**rébellum** • C4

termino...... • A3 :
terminolatéral/ale
terminoterminal/ale

terreplein • A5

terzarima • A4, B2 :
des terzarima**s**

têtebêche • A5

téter • C1 :
je t**è**terai

tèterelle • C1

teufteuf • A4

texmex • A4

thaï, thaïe • G20, B2 :
des restaurants thaï**s**
des recettes thaï**es**

théâtro...... • A3 :
théâtrothérapie

théologico...... • A3 :
théologicométaphysique

thermo...... • A3 :
thermoactivation
thermoaéromètre
thermoélastique
thermoélectrique
thermoesthésie
thermooptique
thermoosmose
thermosonde, etc.

> Pour éviter o + i, on met le trait d'union :
> thermo-ionique (parfois on met le tréma : thermoïonique).

thésaurus • C4

thêta (lettre grecque) • B2 : des thêta**s**

RECTIFICATIONS – **A1**, **A2**, **A3** : soudure (avec le préfixe) ; **A4** : soudure (mot étranger ou onomatopée) ; **A5** : soudure ; **A6** : trait d'union ; **B1**, **B2** : singulier et pluriel réguliers ; **C1** : è et non é ; **C2** : sans accent circonflexe sur i ou u ; **C3** : tréma sur u ; **C4** : accent pour francisation ; **D1** : **-èle** et non **-elle**, ou **-ète** et non **-ette** ; **D2**, **D3** : consonne simple ; **F1**, **F2** : anomalie rectifiée ; **F3** : accent ajouté ; **F4** : **-ill-** au lieu de **-illi-**.

thio...... • A3 :
<u>thio</u>alcool
<u>thio</u>antimoniate
<u>thio</u>combinaison
<u>thio</u>liaison, etc.

> Pour éviter o + u, on met le trait d'union :
> thio-uracile
> thio-urée.

tholos • B2 :
des tholo<u>s</u>

thoracico...... • A3 :
<u>thoracico</u>lombaire

thoraco...... • A3 :
<u>thoraco</u>abdominal/ale

thrill<u>eur</u> • G21
(anglicisme : préférer un mot tel que film ou roman à sensations fortes)

thrombo...... • A3 :
<u>thrombo</u>angiose
<u>thrombo</u>élastographe
<u>thrombo</u>embolie
<u>thrombo</u>endartérite
<u>thrombo</u>phlébite, etc.

thymo...... • A3 :
<u>thymo</u>analeptique

thyro...... • A3 :
<u>thyro</u>arythénoïdien/enne
<u>thyro</u>épiglottique, etc.

tibio...... • A3 :
<u>tibio</u>tarsien/enne, etc.

tic<u>tac</u> • A4
tic<u>tac</u>toc • A4
tic<u>tac</u>toe • A4

tifos<u>i</u> • B2 : des tifo<u>sis</u>

<u>tirebouchon</u> • A5
<u>tirebouchonnement</u> • A5
<u>tirebouchonner</u> • G19
<u>tirefond</u> • G19
<u>tirelarigot</u> (à) • A5

> Doit-on souder tire... ?
>
> Seuls quelques mots avec tire... ont une forme soudée (voir les cinq cas ci-dessus). Le Conseil supérieur ne voulait pas modifier d'un coup plusieurs milliers de noms composés. Les autres mots conservent le trait d'union, comme ceux de la page suivante.

RECOMMANDATIONS – G1 à G20 : il existait au moins deux variantes, il faut choisir la forme la plus simple ou la plus française (**G1** : choisir sans accent ; **G2** : choisir sans **h** ; **G3 à G16** : choisir cette forme plus française ; **G17** : choisir avec la consonne simple ; **G18** : choisir singulier et pluriel réguliers ; **G19** : choisir la soudure ; **G20** : choisir cette forme) ; **G21** : **-eur** au lieu de **-er** ; **G22 à G24** : forme recommandée.   **RÈGLES : p. 170.**

tire-...... • B1 :
 un tire-ball<u>e</u>
 des tire-balle<u>s</u>
 un tire-bott<u>e</u>
 des tire-botte<u>s</u>
 un tire-brais<u>e</u>
 des tire-braise<u>s</u>
 un tire-clo<u>u</u>
 des tire-clou<u>s</u>
 un tire-fess<u>e</u>
 des tire-fesse<u>s</u>
 un tire-fe<u>u</u>
 des tire-fe<u>ux</u>
 un/une tire-lain<u>e</u>
 des tire-laine<u>s</u>
 un tire-lai<u>t</u>
 des tire-lait<u>s</u>
 un tire-veill<u>e</u>
 des tire-veille<u>s</u>
 un tire-vein<u>e</u>
 des tire-veine<u>s</u>, etc.

to<u>c</u>ade
to<u>c</u>ante (montre)
to<u>c</u>ard/arde • F2
toccata • B2 :
 des toccat<u>as</u>
to<u>ctoc</u> • A4
to<u>hubohu</u> • A4

tolérer • C1 :
 je tolè<u></u>rerai
tommy • B2 :
 des tomm<u>ys</u>
topo...... • A3 :
 <u>topo</u>guide
tord-...... • B1 :
 un tord-boy<u>au</u>
 des tord-boy<u>aux</u>
 un tord-oreill<u>e</u>
 des tord-oreille<u>s</u>
toréro, toréra • C4
torii • B2 : des tori<u>is</u>
tory • B2 : des tor<u>ys</u>
touareg (masculin)
touarègue (féminin)
 • G20, B2 :
 des toua<u>regs</u> (masc.)
 des toua<u>règues</u> (fém.)
to<u>u</u>rista • G9
tourne-...... • B1 :
 un tourne-bill<u>e</u>
 des tourne-bille<u>s</u>
 un tourne-bobin<u>e</u>
 des tourne-bobine<u>s</u>
 un tourne-disqu<u>e</u>
 des tourne-disque<u>s</u>

RECTIFICATIONS – **A1**, **A2**, **A3** : soudure (avec le préfixe) ; **A4** : soudure (mot étranger ou onomatopée) ; **A5** : soudure ; **A6** : trait d'union ; **B1**, **B2** : singulier et pluriel réguliers ; **C1** : è et non é ; **C2** : sans accent circonflexe sur **i** ou **u** ; **C3** : tréma sur **u** ; **C4** : accent pour francisation ; **D1** : **-èle** et non **-elle**, ou **-ète** et non **-ette** ; **D2**, **D3** : consonne simple ; **F1**, **F2** : anomalie rectifiée ; **F3** : accent ajouté ; **F4** : **-ill-** au lieu de **-illi-**.

un tourne-écrou
des tourne-écrous
un tourne-feuille
des tourne-feuilles
un tourne-jet
des tourne-jets
un tourne-malade
des tourne-malades
un tourne-oreille
des tourne-oreilles
un tourne-page
des tourne-pages, etc.

tournepierre • G19

toutime • G20

toxémie • G2

toxi...... • A3 :
toxialimentaire
toxiinfection, etc.

trachéo...... • A3 :
trachéobronchite

tracto...... • A3 :
tractopelle

tragicomédie
tragicomique • A3

trainage
trainailler
trainant/ante

trainard/arde
trainasse
trainassement
trainasser
traine
traineau • C2
traine-...... • C2, B1 :
un traine-buche
des traine-buches
un traine-buisson
des traine-buissons
un/une traine-malheur
des traine-malheurs
un/une traine-misère
des traine-misères
un traine-savate
des traine-savates, etc.

trainée
trainement
trainer
trainerie
traineur/euse
traineux/euse • C2

traintrain • A4

traitre
traitresse
traitreusement
traitrise • C2

RECOMMANDATIONS – **G1 à G20** : il existait au moins deux variantes, il faut choisir la forme la plus simple ou la plus française (**G1** : choisir sans accent ; **G2** : choisir sans **h** ; **G3 à G16** : choisir cette forme plus française ; **G17** : choisir avec la consonne simple ; **G18** : choisir singulier et pluriel réguliers ; **G19** : choisir la soudure ; **G20** : choisir cette forme) ; **G21** : **-eur** au lieu de **-er** ; **G22 à G24** : forme recommandée.   **RÈGLES** : p. 170.

tralala • A4

tranchefile (nom féminin, domaine de la couture) • G19 (ne pas confondre avec le nom rare un tranche-fil)

tranche-...... • B1 :
 un tranche-fil (rare)
 des tranche-fils (rare)
 un tranche-main
 des tranche-mains
 un tranche-mer
 des tranche-mers
 un tranche-œuf
 des tranche-œufs, etc.

transférer • C1 :
 je transfèrerai

translittérer • C1 :
 je translittèrerai

transparaitre • C2 :
 il transparait
 je transparaitrai

trans...... • A3 :
 transthoracique

trantran • A4

tréfler • C1 :
 je trèflerai

trèflerie • C1

treize • A6 :
 cent-treize
 treize-cents
 treize-mille-treize
 treize-millions, etc.

tremblote • G17

trémolo • C4

trente • A6 :
 trente-et-un
 trente-et-unième
 cent-trente-deux
 trente-mille
 trente-et-un-millions
 etc.

triangoli • B2 :
 des triangolis

tribo...... • A3 :
 triboélectricité
 triboélectrique

triclinium • B2 :
 des tricliniums

trillion • A6 :
 un-trillion
 un-trillion-douze
 cinq-trillions de dollars
 cinq-trillions-six-mille
 cent-trillions
 six-cent-trillions, etc.

RECTIFICATIONS – **A1**, **A2**, **A3** : soudure (avec le préfixe) ; **A4** : soudure (mot étranger ou onomatopée) ; **A5** : soudure ; **A6** : trait d'union ; **B1**, **B2** : singulier et pluriel réguliers ; **C1** : è et non é ; **C2** : sans accent circonflexe sur i ou u ; **C3** : tréma sur u ; **C4** : accent pour francisation ; **D1** : -èle et non -elle, ou -ète et non -ette ; **D2**, **D3** : consonne simple ; **F1**, **F2** : anomalie rectifiée ; **F3** : accent ajouté ; **F4** : -ill- au lieu de -illi-.

trimbalage
trimbalement
trimbaler
trimbaleur/euse • G17

triplicata • B2 :
des triplicatas

tri...... • A3 :
triporteur
trivoiturette

triquemadame • A5

triséquer • C1 :
je trisèquerai

trois • A6 :
cent-trois
trois-cents
trois-cent-trois
trois-mille
trois-mille-trois-cents
trois-millions-trois
etc.

trole (plante ou façon de chasser avec des chiens) • D3 (ne pas confondre avec trôle, une cuillère à la pêche, ni avec troll, un lutin ou le terme informatique)

trompéter • F3, C1 :
je trompèterai
(on trouve aussi la variante trompetter :
je trompetterai)

tropho...... • A3 :
trophomicrobien/enne

trotskisme
trotskiste • G20

trouble-...... • B1 :
un/une trouble-fête
des trouble-fêtes

troumadame • A5

trousse-...... • B1 :
un trousse-galant
des trousse-galants
un trousse-pied
des trousse-pieds, etc.

troutrou • A4

trullo • B2 :
des trullos

tsar
tsarévitch
tsarine
tsarisme
tsariste • G20

RECOMMANDATIONS – G1 à G20 : il existait au moins deux variantes, il faut choisir la forme la plus simple ou la plus française (**G1** : choisir sans accent ; **G2** : choisir sans **h** ; **G3 à G16** : choisir cette forme plus française ; **G17** : choisir avec la consonne simple ; **G18** : choisir singulier et pluriel réguliers ; **G19** : choisir la soudure ; **G20** : choisir cette forme) ; **G21** : **-eur** au lieu de **-er** ; **G22 à G24** : forme recommandée.   **RÈGLES** : **p. 170.**

tsétsé • A4

tsointsoin • A4

tubo...... • A3 :
 tuboovarien/enne

tue-...... • B1 :
 un tue-diable
 des tue-diables
 un tue-loup
 des tue-loups
 un tue-mouche
 des tue-mouches, etc.

tufeau • G17

tumulus • B2 :
 des tumulus

turbo (mollusque)
 • B2 : des turbos

turbo...... • A3 :
 turboalternateur
 turbohomogénéiseur
 turbotrain, etc.

turne (chambre) • G2

tutie (oxyde de zinc)
 • G2

tutti • B2 :
 des tuttis

tutti frutti • B2 :
 des tuttis fruttis

typho...... • A3 :
 typhobacillose

> **Peut-on mélanger les deux orthographes ?**
>
> Oui. On peut utiliser les deux orthographes dans un même texte. C'est d'ailleurs ce que font déjà les francophones, à divers pourcentages (voir le test, pages 6-7).
>
> À l'école, le fait qu'un élève utilise une graphie rectifiée puis une graphie traditionnelle **ne constitue pas** une faute d'orthographe. **Les deux cohabitent et sont admises** (page 11). Cependant, dans un document professionnel, on privilégie la cohérence.

RECTIFICATIONS – **A1**, **A2**, **A3** : soudure (avec le préfixe) ; **A4** : soudure (mot étranger ou onomatopée) ; **A5** : soudure ; **A6** : trait d'union ; **B1**, **B2** : singulier et pluriel réguliers ; **C1** : è et non é ; **C2** : sans accent circonflexe sur i ou u ; **C3** : tréma sur u ; **C4** : accent pour francisation ; **D1** : -èle et non -elle, ou -ète et non -ette ; **D2**, **D3** : consonne simple ; **F1**, **F2** : anomalie rectifiée ; **F3** : accent ajouté ; **F4** : -ill- au lieu de -illi-.

U

ulcérer • C1 :
j'<u>u</u>lc<u>è</u>rerai
ulcéro...... • A3 :
<u>ulcéro</u>cancer
<u>ulcéro</u>nécrotique, etc.
ultr<u>a</u> (nom) • B2 :
des ultr<u>as</u>
ultra...... (préfixe) • A2 :
<u>ultra</u>argile
<u>ultra</u>chic (+B2)
<u>ultra</u>colonialisme
<u>ultra</u>court/te
<u>ultra</u>marin/ine
<u>ultra</u>orthodoxe
<u>ultra</u>pétita (+C4, B2)
<u>ultra</u>pression
<u>ultra</u>révolutionnaire
<u>ultra</u>royaliste
<u>ultra</u>secret/ète
<u>ultra</u>sensible
<u>ultra</u>son
<u>ultra</u>sonique
<u>ultra</u>violet/ette, etc.
<u>u</u>lulation
<u>u</u>lulement
<u>u</u>luler • G2

upsil<u>on</u> • B2 :
des upsil<u>ons</u>
urano...... • A3 :
<u>urano</u>staphyloplastie
<u>urano</u>staphylorraphie
uréth<u>a</u>ne • G17
uro...... • A3 :
<u>uro</u>génital/ale
use-...... • B1 :
un use-culott<u>e</u>
des use-culott<u>es</u>
utéro...... • A3 :
<u>utéro</u>ovarien/enne
<u>utéro</u>placentaire
<u>utéro</u>sacré/ée, etc.

La nouvelle orthographe
est **officielle**
et en vigueur.

Elle est applicable dans
toute la francophonie.

RECOMMANDATIONS – G1 à G20 : il existait au moins deux variantes, il faut choisir la forme la plus simple ou la plus française (**G1** : choisir sans accent ; **G2** : choisir sans **h** ; **G3 à G16** : choisir cette forme plus française ; **G17** : choisir avec la consonne simple ; **G18** : choisir singulier et pluriel réguliers ; **G19** : choisir la soudure ; **G20** : choisir cette forme) ; **G21** : **-eur** au lieu de **-er** ; **G22 à G24** : forme recommandée.   **RÈGLES : p. 170.**

V

vadémécum • A4, C4, B2 :
des vadémécu<u>m</u>s

vagino...... • A3 :
<u>vagino</u>péritonéal/ale
<u>vagino</u>rectal/ale

valeter • D1 :
je val<u>è</u>te
je val<u>è</u>terai

valkyrie • G15

vanupied • A5

vapoentraînement • A3, C2

varia • B2 :
des vari<u>a</u>s

varon
varonné/ée • G17

vasculo...... • A3 :
<u>vasculo</u>nerveux/euse

vaso...... • A3 :
<u>vaso</u>constricteur/trice
<u>vaso</u>constriction
<u>vaso</u>dilatation
<u>vaso</u>dilatateur/trice
<u>vaso</u>moteur/trice
<u>vaso</u>motricité
<u>vaso</u>pressine
etc.

> Pour éviter o + i, on met le trait d'union :
> vaso-intestinal/ale.

vatout • A5

végéter • C1 :
je vég<u>è</u>terai

vélarium • C4, B2 :
des vélari<u>um</u>s

velche • G15, G13

veld • G20

vélo...... • A3 ou G19 :
<u>vélo</u>camping
<u>vélo</u>neige
<u>vélo</u>palatin/ine
<u>vélo</u>partage
<u>vélo</u>pousse
<u>vélo</u>ski
<u>vélo</u>taxi
<u>vélo</u>tourisme, etc.

vélum • C4, B2 :
des vél<u>um</u>s

vénérer • C1 :
je vén<u>è</u>rerai

vènerie • C1

RECTIFICATIONS – **A1**, **A2**, **A3** : soudure (avec le préfixe) ; **A4** : soudure (mot étranger ou onomatopée) ; **A5** : soudure ; **A6** : trait d'union ; **B1**, **B2** : singulier et pluriel réguliers ; **C1** : è et non é ; **C2** : sans accent circonflexe sur i ou u ; **C3** : tréma sur u ; **C4** : accent pour francisation ; **D1** : -èle et non -elle, ou -ète et non -ette ; **D2**, **D3** : consonne simple ; **F1**, **F2** : anomalie rectifiée ; **F3** : accent ajouté ; **F4** : -ill- au lieu de -illi-.

www.**nouvelle**orthographe.info

véniat • C4, B2 :
des véniat<u>s</u>

ventail (battant, panneau mobile) • F1

verbo...... • A3 :
<u>verbo</u>moteur/trice

> Pour éviter o + i, on met le trait d'union : verbo-iconique.

vergeter • D1 :
je verg<u>è</u>te
je verg<u>è</u>terai

vergeüre (mot rare : marque en filigrane ou ensemble de fils) • C3

vermou<u>t</u> • G2

vésico...... • A3 :
<u>vésico</u>pustule
<u>vésico</u>rectal/ale, etc.

vésiculo...... • A3 :
<u>vésiculo</u>déférentiel/elle
<u>vésiculo</u>pustuleux/euse
etc.

vestibulo...... • A3 :
<u>vestibulo</u>oculaire
<u>vestibulo</u>spinal/ale, etc.

véto (opposition) • C4, B2 : des vét<u>o</u>s

vibro...... • A3 :
<u>vibro</u>abrasion
<u>vibro</u>massage, etc.

vide-...... • B1 :
un vide-bouteille
des vide-bouteille<u>s</u>
un vide-ordure
des vide-ordure<u>s</u>
un vide-poche
des vide-poche<u>s</u>
un vide-pomme
des vide-pomme<u>s</u>, etc.

vidéo • G18 :
des jeux vidéo<u>s</u>

vidéo...... • A3 :
<u>vidéo</u>animation
<u>vidéo</u>cassette
<u>vidéo</u>conférence
<u>vidéo</u>éducation
<u>vidéo</u>enregistreur
<u>vidéo</u>formation
<u>vidéo</u>ordinateur
<u>vidéo</u>projecteur
<u>vidéo</u>transmission, etc.

vigneter • D1 :
je vign<u>è</u>te
je vign<u>è</u>terai

vilénie • F3
(on dit aussi vilenie)

RECOMMANDATIONS – G1 à G20 : il existait au moins deux variantes, il faut choisir la forme la plus simple ou la plus française (**G1** : choisir sans accent ; **G2** : choisir sans **h** ; **G3 à G16** : choisir cette forme plus française ; **G17** : choisir avec la consonne simple ; **G18** : choisir singulier et pluriel réguliers ; **G19** : choisir la soudure ; **G20** : choisir cette forme) ; **G21** : **-eur** au lieu de **-er** ; **G22 à G24** : forme recommandée. **RÈGLES : p. 170.**

vingt • A6 :
vingt-et-un
vingt-et-unième
cent-vingt
cent-quatre-vingts
vingt-mille
quatre-vingt-mille
quatre-vingt-millions
cent-vingt-millions, etc.

> Accorde-t-on vingt(s) ?
>
> La règle d'accord de vingt n'est pas changée. Il prend un s s'il est multiplié et qu'il termine le nombre. La présence des traits d'union permet de mieux voir si vingt termine le nombre ou non :
> quatre-vingt**s** amis mais quatre-ving**t**-onze amis. Voir d'autres exemples ci-dessus (dans quatre-vingt-millions, vingt ne termine pas le nombre).
> S'il sert à indiquer le rang, vingt reste invariable :
> les années quatre-ving**t**.

violeter • D1 :
je viol<u>è</u>te
je viol<u>è</u>terai
vire-...... • B1 :
un/une vire-capo<u>t</u>
des vire-capot<u>s</u>
viro...... • A3 :
<u>viro</u>fixateur
visco...... • A3 :
<u>visco</u>coupleur
<u>visco</u>élasticité
<u>visco</u>élastique
<u>visco</u>élastographe
etc.
<u>visigoth/othe</u>
<u>visigothique</u> • G15
vitro...... • A3 :
<u>vitro</u>céramique
vitupérer • C1 :
je vitup<u>è</u>rerai
<u>vlan</u> • G20
voc<u>é</u>ratrice • C4
voc<u>é</u>r<u>o</u> • C4, B2 :
des vocéro<u>s</u>
vociférer • C1 :
je vocif<u>è</u>rerai
volap<u>uk</u> • G22

RECTIFICATIONS – **A1**, **A2**, **A3** : soudure (avec le préfixe) ; **A4** : soudure (mot étranger ou onomatopée) ; **A5** : soudure ; **A6** : trait d'union ; **B1**, **B2** : singulier et pluriel réguliers ; **C1** : è et non é ; **C2** : sans accent circonflexe sur **i** ou **u** ; **C3** : tréma sur **u** ; **C4** : accent pour francisation ; **D1** : -**èle** et non -**elle**, ou -**ète** et non -**ette** ; **D2**, **D3** : consonne simple ; **F1**, **F2** : anomalie rectifiée ; **F3** : accent ajouté ; **F4** : -**ill**- au lieu de -**illi**-.

vol<u>è</u>tement • D1
voleter • D1 :
  je vol<u>è</u>te
  je vol<u>è</u>terai
<u>**volley**</u>**ball** • A4
<u>**volte**</u>**face** • A5
vomito n<u>é</u>gro • C4
vo<u>u</u>tain/aine
vo<u>u</u>te
vo<u>u</u>té/ée
vo<u>u</u>ter • C2
vr<u>ou</u>m • G9
vulvo...... • A3 :
  <u>vulvo</u>vaginal/ale
  <u>vulvo</u>vaginite

W

wallab<u>y</u> • B2 :
  des wallab<u>y</u>s
water • B2 :
  des wate<u>rs</u>
<u>**water**</u>**polo** • A4
<u>**watt**</u>**heure** • G19
wattm<u>an</u> • B2 :
  des wattm<u>an</u>s
w<u>é</u>ber • C4
<u>**week**</u>**end** • A4
<u>wh</u>isky • B2 :
  des whisk<u>y</u>s
wi<u>l</u>aya • G17

X

x<u>é</u>no...... • A3 :
  <u>xéno</u>anticorps
  <u>xéno</u>antigène, etc.
x<u>i</u> (lettre grecque)
  • B2 : des x<u>i</u>s
  (on écrit aussi ksi)
xim<u>é</u>nia • C4

RECOMMANDATIONS – G1 à G20 : il existait au moins deux variantes, il faut choisir la forme la plus simple ou la plus française (**G1** : choisir sans accent ; **G2** : choisir sans **h** ; **G3 à G16** : choisir cette forme plus française ; **G17** : choisir avec la consonne simple ; **G18** : choisir singulier et pluriel réguliers ; **G19** : choisir la soudure ; **G20** : choisir cette forme) ; **G21** : **-eur** au lieu de **-er** ; **G22 à G24** : forme recommandée.   **RÈGLES** : **p. 170.**

Y

yak • G12
yakusa ou
yakuza • B2 :
des yakusas ou
des yakuzas
yass
yasser • G20
yéti • C4
yéyé • A4
yidiche • G17, G13,
B2 : des yidiches
yogi • G2
yogourt • G2
(on dit aussi yaourt)
youpi • G17, G20
yponomeute • G2
yukonais/aise • G17

Avez-vous fait le test
des pages 6 et 7?

Z

zakouski • B2 :
des zakouskis
zani • G17
zapatéado • C4
zarzuéla • C4
zébrer • C1 :
je zèbrerai
zen • B2 :
des peintures zens
zénana • C4
zéolite
zéolitique • G2
zêta • B2 : des zêtas
(ou parfois dzêta)
zingaro • B2 :
des zingaros
zoolite
zoolitique • G2
zygopétalum • C4

RECTIFICATIONS – A4 : soudure ; **B2** : singulier et pluriel réguliers ; **C1** : è et non é ; **C4** : accent pour francisation ; **G2** : choisir sans **h** ; **G12** : choisir ici **k** plutôt que **ck** ; **G13** : choisir ici **che** plutôt que **sh** ; **G17** : choisir la forme avec la consonne simple ; **G20** : choisir cette forme, qui est la plus simple.

Les règles

Les **règles** sont présentées aux pages 170 à 193.

Ces **règles** ont été rédigées d'après :

- le livre de référence *Grand vadémécum de l'orthographe moderne recommandée*, un ouvrage plus complet ;

- son prédécesseur, le petit *Vadémécum de l'orthographe recommandée : le millepatte sur un nénufar*, une brochure élaborée par le Réseau international pour la nouvelle orthographe du français.

On peut trouver en ligne un aperçu des règles sur les sites www.nouvelleorthographe.info et www.renouvo.org.

Un **résumé des règles** se trouve à la page 204.

Toute personne désirant faire une présentation des règles de la nouvelle orthographe peut réutiliser les codes (A1, A2…) employés ici.

A1, A2, A3 – Trait d'union et soudure

→ Écrit-on contre-proposition ou contreproposition?

A1 On écrit en un seul mot les mots composés avec les préfixes **contr(e)-** et **entr(e)-**. Le trait d'union est donc remplacé par la soudure dans ces mots.

→ Écrit-on extra-terrestre ou extraterrestre?

A2 On écrit en un seul mot les mots composés avec les préfixes **extra-**, **infra-**, **intra-** et **ultra-**. Le trait d'union est donc remplacé par la soudure dans ces mots.

→ Écrit-on cardio-vasculaire ou cardiovasculaire?

A3 On écrit en un seul mot les mots qui sont composés d'éléments savants (en particulier en **o**) comme **agro-**, **électro-**, **hydro-**, **socio-**, **anti-**, **télé-**… On les soude.

Observations

(A1) Avant une voyelle, le **e** disparaît : **contrappel, contrindiqué, s'entraimer, entrouvrir**.

(A2, A3) Le trait d'union est maintenu dans les mots où la soudure engendrerait un problème de prononciation, c'est-à-dire si a ou o est suivi de i ou u (pour éviter **aï**, **aïn**, **au**, **oï**, **oin**, **ou**). Ex. : *extra-institutionnel, intra-utérin, auto-ironie, bio-industrie, mono-usager.*

Exemples de mots avec préfixes ou éléments savants

- **A1 : contr(e)**
  - **contr**attaque
  - **contre**plaqué
  - **contre**épreuve
  - **contr**offensive

- **A1 : entr(e)**
  - **entra**percevoir
  - **entre**déchirer (s')
  - **entre**temps
  - **entr**ouvrir

- **A2 : extra**
  - **extra**sensoriel

- **A2 : infra**
  - **infra**rouge

- **A2 : intra**
  - **intra**veineuse

- **A2 : ultra**
  - **ultra**violet

- **A3 : éléments savants**
  - **agro**alimentaire
  - **anti**virus
  - **audio**visuel
  - **auto**évaluation
  - **cardio**vasculaire
  - **ciné**parc
  - **cumulo**nimbus
  - **électro**aimant
  - **gastro**entérite
  - **hydro**électricité
  - **macro**économie
  - **maniaco**dépressif
  - **micro**onde
  - **mini**jupe
  - **néo**zélandais
  - **pseudo**science
  - **psycho**affectif
  - **rhino**pharyngite
  - **socio**éducatif
  - **télé**film

Note (A1) La règle A1 ne concerne pas des mots comme *entre-deux-guerres*, *contre-la-montre*, qui sont composés de plusieurs éléments : il ne s'agit pas de simples préfixes dans ces cas.

Note (A3) Le trait d'union est maintenu lorsqu'il sert à marquer une relation de coordination entre deux termes désignant des noms propres ou géographiques. Ex. : *mythe gréco-romain*, *relations franco-russes*, *pays anglo-saxons*, *culture finno-ougrienne*.

A1, A2, A3 – Trait d'union et soudure

A4, A5, A6 – Trait d'union et soudure

→ Écrit-on **tam-tam** ou **tamtam**? Écrit-on **base-ball** ou **baseball**?

A4 On écrit en un seul mot les mots qui sont composés à partir d'onomatopées* (ou similaires), et des mots d'origine étrangère bien implantés dans l'usage.

→ Écrit-on un **mille-pattes** ou un **millepatte**?

A5 On écrit en un seul mot plusieurs mots composés formés d'un verbe et du mot **tout**, les mots composés avec **bas(se)-**, **bien-**, **haut(e)-**, **mal-** et **mille-**, les mots composés à partir d'onomatopées* (ou similaires), et quelques autres composés bien ciblés. Le trait d'union est donc remplacé par la soudure.

→ Écrit-on **cent trente-deux** ou **cent-trente-deux**?

A6 Les numéraux composés sont systématiquement reliés par des traits d'union.

Observations

(A4) * Une onomatopée est un mot imitatif, souvent répétitif, évoquant un bruit (ex. : **cuicui**).

(A4) Ce ne sont pas tous les mots étrangers qui sont soudés. Par exemple, on soude plusieurs noms latins (ex. : **un apriori**), mais on ne soude pas des locutions (ex. : **juger à priori**).

Exemples de mots soudés

◇ **A4 : onomatopées**
blabla(s)
froufrou(s)
guiliguili(s)
tictac(s)

◇ **A4 : emprunts**
baseball(s)
harakiri(s)
spinabifida(s)
statuquo(s)

◇ **A5 : autres soudures**
**bassecour(s)
bienaimé(e)(s)
bienfondé(s)
hautparleur(s)
malfamé(e)(s)
millefeuille(s)
millepatte(s)
brisetout(s)
mangetout(s)
croquemonsieur(s)
chauvesouris
entête(s)
fairepart(s)
potpourri(s)
rondpoint(s)
sagefemme(s)
saufconduit(s)
terreplein(s)
vanupied(s)
voltaface(s)**

Nombres (traits d'union)

◇ **A6 : numéraux**
trente-**et**-unième
cinquante-**et**-un
soixante-**et**-onze
cent-vingt-**et**-un
sept-**cent**-cinquante
mille-deux-**cents**
six-**mille**-cinq-**cents**
quarante-sept-**mille**
dix-**millions**
un-**milliard**-six-**cents**

Note (A4, A5) Ces mots étant devenus des mots simples, ils suivent la règle générale du singulier et du pluriel. Ex. : **un tictac, des tictacs ; un millepatte, des millepattes.**

Note (A5) Ce sont principalement des innovations, introduites en nombre limité : le Conseil supérieur ne voulait pas modifier d'un coup plusieurs milliers de mots composés.

Note (A6) Ne pas confondre **deux-cent-septième** (207ᵉ) et **deux-cents septièmes** (200/7).

A4, A5, A6 – Trait d'union et soudure

B1, B2 – Singulier et pluriel réguliers

→ Écrit-on au singulier un presse-fruit ou un presse-fruits ?

→ Écrit-on au pluriel des abat-jour ou des abat-jours ?

B1 Dans les noms composés formés d'un verbe et d'un nom commun (comme **presse-citron**), ou bien d'une préposition et d'un nom commun (comme **sans-abri**), la marque du pluriel est toujours présente sur le second élément uniquement si le mot est au pluriel : **un presse-citron, des presse-citrons.**

→ Écrit-on au pluriel des sandwiches ou des sandwichs ?

B2 Les noms et les adjectifs empruntés à d'autres langues (incluant le latin) suivent la règle générale du singulier et du pluriel des mots français.

Observation

(B2) Certains pluriels de noms et d'adjectifs étrangers étaient invariables ou avaient une forme irrégulière en français. À l'inverse, certains singuliers n'existaient pas et ont dû être créés, ou ils existaient sous deux formes concurrentes. Les rectifications les ont régularisés. On choisit comme forme du singulier la forme la plus fréquente, même s'il s'agit d'un pluriel dans l'autre langue (ex. : **un macaroni, des macaronis**).

Exemples de singuliers et de pluriels réguliers

◇ **B1 : noms composés de** VERBE+NOM
un brise-glac**e**, des brise-glac**es**
un chasse-neig**e**, des chasse-neig**es**
un coupe-fe**u**, des coupe-fe**ux**
un cure-den**t**, des cure-den**ts**
un ou une garde-côt**e**, des garde-côt**es**

◇ **B1 : noms composés de** PRÉPOSITION+NOM
un ou une après-midi, des après-midis
un ou une sans-cœur, des sans-cœurs

◇ **B2 : noms ou adjectifs empruntés**
un duplicata, des duplicatas
un gentleman, des gentlemans
un mafioso, des mafiosos
un match, des matchs
un média, des médias
un ravioli, des raviolis
un sandwich, des sandwichs
un stimulus, des stimulus
un format standard, des formats standards

Note (B1) La règle B1 ne concerne pas les composés dont le second élément est un nom propre (avec majuscule, comme dans *prie-Dieu*) ou contient un article (comme dans *trompe-l'œil*).

Note (B2) Les noms ayant conservé leur valeur de citation continuent de s'écrire comme dans la langue d'origine. Il s'agit principalement de noms de prières latines (citation du premier mot de la prière). En principe, ces noms à valeur de citation devraient être en italique. Ils portent parfois la majuscule. Exemples : chanter des *requiem* ; réciter des *Pater*.

B1, B2 – Singulier et pluriel réguliers

C1, C2 – Accent grave et accent circonflexe

→ Écrit-on une **cremerie** ou une **crèmerie**? Écrit-on il **digérera** ou il **digèrera**?

C1 On écrit **è** et non **é** avant une syllabe graphique contenant un « **e** muet » (ou **e** instable). C'est le cas dans des mots comme **sècheresse** ou **évènement**, et dans les verbes du type *céder* au futur et au conditionnel : **elle cèdera, il tolèrerait.**

→ Écrit-on s'il vous **plaît** ou s'il vous **plait**? Écrit-on **assidûment** ou **assidument**?

C2 L'accent circonflexe disparait sur les lettres **i** et **u**.

Observations

(C1) Exceptions à la règle C1 : les cas suivants restent inchangés en raison de leur prononciation « é » normée en syllabe initiale : les préfixes *dé-* et *pré-* (ex. : *dégeler, prévenir*) ; les *é-* initiaux (ex. : *échelon, édredon, élever*) ; ainsi que *médecin(e)*.

(C2) Exceptions à la règle C2 : l'accent circonflexe est maintenu dans les cas suivants : dans les masculins singuliers *dû, mûr* et *sûr* ; dans *jeûne(s)* ; dans les formes de *croitre* qui se confondraient avec celles de *croire* (*crû, croîs, croît, crûs,* etc.) ; et dans les terminaisons du passé simple avec *nous* et *vous* (*nous eûmes, vous finîtes*) et du subjonctif imparfait avec *il* ou *elle* (*qu'il ouvrît*).

Exemples de é changés en è | Exemples sans accent circonflexe (î et û)

◇ C1 : è avant une syllabe contenant e

allègement
allègrement
assèchement
cèleri
crèmerie
dérèglementation

empiètement
évènement
règlementaire
règlementation
règlement
sècheresse

◇ C2 : l'accent disparait sur i

abimer
accroitre
apparait
boite
chaine
fraiche

ile
maitre
maitrise
paraitre
rafraichir
s'il vous plait

◇ C1 : futur et conditionnel (verbes comme céder)

je cèderai
tu libèreras
il règlera
nous sècherons
vous protègerez
elles succèderont

je cèderais
tu libèrerais
elle règlerait
nous sècherions
vous protègeriez
ils succèderaient

◇ C2 : l'accent disparait sur u

aout
assidument
brulure
buche
cout
couter

flute
gout
indument
mure
piqure
surement

Note (C1) La règle C1 s'applique aussi dans ces inversions rares : **aimè-je, dussè-je, puissè-je**...

C1, C2 – Accent grave et accent circonflexe

C3, C4 – Tréma et accents ajoutés (francisation)

→ Écrit-on une note aigüe ou une note aiguë ?

C3 Les mots qui s'écrivaient avec -guë- et -güi- s'écrivent maintenant avec le tréma sur le **u** (donc **-güe-** et **-güi-**). Ex. : ambiguë → **ambigüe**, ambiguïté → **ambigüité**.

De plus, on ajoute un tréma sur le **u** dans un tout petit nombre de mots, pour éviter des erreurs lors de la lecture. Il s'agit principalement des mots **argüer** et **gageüre**, puisque le **u** se prononce : **argüer** rime avec *tuer*; **gageüre** rime avec *jure*.

→ Écrit-on pizzeria ou pizzéria ?

C4 Pour l'accentuation, les mots empruntés suivent la règle des mots du français : on ajoute des accents aux mots étrangers qui en ont besoin pour leur francisation.

Observations

(C3) Le tréma sert à séparer deux lettres qui forment habituellement un son. Dans **aigüe**, il indique que le **g** et le **u** se prononcent séparément : on doit entendre le **u** (et non le **e**).

(C4) Quelques mots latins à valeur de citation (p. 175) sont inchangés : *requiem, confiteor...*

Exemples de ü (avec un tréma) | Exemples de francisation par l'ajout d'accents

◇ C3 : tréma déplacé sur le u

▸ -güe-
aigüe
ambigüe
cigüe
contigüe
exigüe
suraigüe

▸ -güi-
ambigüité
contigüité
exigüité
désambigüisation
désambigüiser
je désambigüiserai

◇ C3 : tréma ajouté sur u dans quelques mots

▸ argüer
j'argüe
il argüait
elle argüa
nous argüons
vous argüiez
en argüant

▸ mots en -geüre
une gageüre
une bringeüre *(rare)*
une égrugeüre *(rare)*
une mangeüre *(rare)*
une renvergeüre *(rare)*
une vergeüre *(rare)*

◇ C4 : accentuation française

▸ é
allégro
artéfact
bélouga
cafétéria
diésel
égo
imprésario
média
modérato
pizzéria

placébo
référendum
révolver
séquoia
sombréro
téquila
toréro
trémolo
vadémécum
droit de véto

▸ è
faciès
condottière
limès

▸ à
à capella
à contrario
à minima

C3, C4 – Tréma et accents ajoutés (francisation)

D1, D2, D3 – Consonne double simplifiée

→ Écrit-on j'époussette ou j'époussète ?

D1 Les verbes en **-eler** et en **-eter** se conjuguent sur le modèle de **geler (je gèle)** et de **acheter (j'achète)**, c'est-à-dire avec un accent grave (**-èle** et **-ète**) avant une syllabe contenant un **e** instable (dit « **e** muet »), et non avec consonne double. Les noms en **-ement** dérivés de ces verbes suivent cette règle : **-èlement** et **-ètement**.

→ Écrit-on interpeller ou interpeler ? (indice : ce mot rime avec appeler)

D2 La consonne est simple (non double) après le son « **e** » (e instable, dit « e muet »).

→ Écrit-on frisotter ou frisoter ?

D3 On écrit avec une consonne simple les mots en **-ole** et en **-oter**, et leurs dérivés.

Observations

(D1) Exceptions : les conjugaisons de *appeler*, *jeter* (et famille) gardent la consonne double.

(D3) Exceptions : les mots *colle*, *folle*, *molle* et leurs dérivés tels *contrecoller*, *glycérocolle*, ainsi que les mots formés sur une base en *-otte*, par exemple *botter* (famille de *botte*).

Exemples de consonnes doubles simplifiées

◇ **D1 : conjugaison** -*elle* → -*èle*
je chancèle   tu harcèles
vous amoncèlerez   elles étincèleraient

◇ **D2 : consonne simple après le son « e »**
dentelier, dentelière, prunelier
interpeler, interpelons, en interpelant

◇ **D1 : conjugaison** -*ette* → -*ète*
il époussète   nous cachèterions

◇ **D3 :** -*olle* → -*ole*
girole, fumerole, corole

◇ **D1 : dérivés** -*èlement, -ètement*

on ruissèle → ruissèlement
on renouvèle → renouvèlement
on denivèle → denivèlement
on cliquète → cliquètement

◇ **D3 :** -*otter* → -*oter*
balloter, ballotage, ballotement
cachoter, cachoterie, cachotier
frisoter, frisotis
greloter, grelotement

Note (D1) On continue exceptionnellement de conjuguer avec une consonne double avant e les verbes *j'appelle, je rappellerais, j'interpelle, je jette, je projetterai, je rejetterais...*

Note (D2) Certains mots ont plus d'une prononciation permise, comme **lunettier** ou **lunetier**. Les deux orthographes sont alors possibles : on emploie un simple **t** si on prononce « **e** ».

D1, D2, D3 – Consonne double simplifiée

E, F1, F2 – Participe *laissé* et anomalies supprimées

- **E** Écrit-on **il les a laissés dormir** ou **il les a laissé dormir** ?

  Le participe passé de **laisser** suivi d'un verbe à l'infinitif est invariable.

- **F1** Écrit-on **boursoufler** ou **boursouffler** ?

  Quelques familles de mots sont harmonisées (voir les exemples de la page 183).

- **F2** Écrit-on au masculin **dissous** ou **dissout** ? (indice : le féminin est **dissoute**)

  Quelques anomalies sont supprimées, notamment pour harmoniser certaines séries de mots similaires (voir les exemples de la page 183).

Observations

(E) Que le participe passé **laissé** soit avec l'auxiliaire **avoir** ou qu'il soit en emploi pronominal, il reste invariable s'il est suivi d'un infinitif, comme c'était déjà le cas pour le participe passé de **faire** (**il les a fait dormir, elles se sont fait tomber**).

(F1, F2) Il s'agit de correctifs. Ces rectifications étaient généralement déjà recommandées par l'Académie française. Le rapport du Conseil supérieur de la langue française les a confirmées. Ces innovations ont été introduites en nombre très limité.

Exemples avec *laissé* | Exemples de familles harmonisées et d'anomalies rectifiées

◇ **E : le participe passé de *laisser* suivi d'un infinitif est invariable, comme celui de *faire***

Nous les avons **laissé** courir.
Elles se sont **laissé** mourir de faim.

Les pommes qu'elle a **laissé** murir, comme :
Les pommes qu'elle a **fait** murir.

◇ **F1 : familles harmonisées**

imbécilité (comme imbécile)
bonhommie (comme homme)
boursouffler (comme souffler)
charriot (comme charrette)
combattif (comme combattre)
persiffler (comme siffler)
ventail (comme vent)

◇ **F2 : anomalies supprimées**

lev**reau** (comme agneau)
rel**ai** (comme balai, essai)
exéma (comme exécuter)
ognon (comme rognon, trognon, grognon)
absou**t**, dissou**t** (féminin absoute, dissoute)
appâts, douçâtre, sorgo, nénufar, cuiss**eau**,
ass**oir**/rass**oir**, sa**cc**arine/sa**cc**arose (et famille)

Note (F1, F2) Les principales suppressions d'anomalies et harmonisations de familles recommandées sont illustrées ici. Tous ces correctifs se justifient. Par exemple, **relai** vient de **relayer**, comme **balai** de **balayer** et **essai** de **essayer** : sa finale avec **s** était fautive. **Nénufar** est le seul mot dont le **ph** a été changé en **f**, pour réparer une erreur historique.

E, F1, F2 - Participe *laissé* et anomalies supprimées

F3, F4 – Accents manquants et mots en *-iller*, *-illère*

→ Écrit-on **assener** ou **asséner** ? (indice : on prononce toujours « **é** »)

F3 Un accent est ajouté dans quelques mots français où il avait été oublié ou dont la prononciation a changé. Parfois, deux prononciations sont possibles.

→ Écrit-on **quincaillier** ou **quincailler** ?

F4 Les finales **-illier** et **-illière** sont remplacées par les finales **-iller** et **-illère** (comme dans **quincailler** ou **serpillère**) lorsque le i qui suit les deux l ne s'entend pas.

Observations

(F3) La forme **féerique** avait deux prononciations : « **fé-** » ou « **fé-é-** ». Pour refléter la deuxième prononciation déjà admise, les rectifications permettent maintenant d'accentuer le second **e** : **féérique**. On choisit la forme commençant par **fee-** ou par **féé-**, selon la prononciation désirée (les deux sont possibles). C'est la même chose pour **féerie/féérie**.

(F4) Le suffixe **-ier** est maintenu dans les noms d'arbres, d'arbustes et de végétaux (exemples : *groseillier, mancenillier, sapotillier, vanillier*), par analogie avec d'autres noms en botanique ayant ce même suffixe, comme *pommier, poirier, cerisier, framboisier*.

Exemples d'accents manquants

◇ **F3 : accent ajouté sur des mots français**

▸ **é**
ré**f**r**é**ner   g**é**linotte
ass**é**ner   qu**é**bécois

▸ **è**
louv**è**terie   gobel**è**terie

Exemples de mots en -*iller* ou -*illère*

◇ **F4** : -*illier* → -*iller*
-*illière* → -*illère*

joailler, joaillère
marguiller, marguillère
quincailler, quincaillère
serpillère

Note (F3) Certains mots ont deux prononciations permises, avec le son « **e** » ou le son « **è** » : **papeterie**/**papèterie**, **marqueterie**/**marquèterie**, **parqueterie**/**parquèterie**, etc., ou encore avec le son « **e** » ou le son « **é** », par exemple : **gangreneux**/**gangréneux**, **receleur**/**recéleur**, **vilenie**/**vilénie**, etc. Puisque deux prononciations sont possibles, on emploie la forme déjà admise avec **e** sans accent si on prononce « **e** », mais on ajoute l'accent grave manquant pour rectifier le mot si on prononce « **è** », ou encore on ajoute l'accent aigu manquant pour rectifier le mot si on prononce « **é** ».

Note (F4) Les mots de F4 riment avec **poulailler** ou **conseillère**. Les deux **l** se prononcent comme dans **fille**. Le mot **millier** n'est pas touché, car on entend le son « **l** » et le **i** qui suit.

F3, F4 – Accents manquants et mots en -*iller*, -*illère*

G1, G2 – Choisir la forme la plus simple ou la plus française (♥)

RECOMMANDATIONS GÉNÉRALES (si deux formes coexistent déjà)

Les règles G1 à G20 s'appliquent lorsque deux formes attestées coexistent déjà dans les dictionnaires, avec une même prononciation. Dans ce cas, il faut choisir la variante la plus simple ou la plus française. Il ne s'agit pas de rectifications, mais de choix. La forme à privilégier devrait faire partie des coups de cœur (♥) de toute personne qui rédige. Ces règles sont expliquées plus en détail dans le *Grand vadémécum de l'orthographe moderne recommandée*. Les personnes qui sont en enseignement, en rédaction, en révision, ou qui sont simplement amoureuses de la langue française trouveront dans cet ouvrage complet de nombreuses explications supplémentaires (voir p. 198).

➤ Écrit-on **allô** ou **allo** ? *(les deux formes existent depuis longtemps)*

G1 Choisir, lorsque deux formes coexistent, la forme sans accent étranger ou inutile.

➤ Écrit-on **yoghourt** ou **yogourt** ?

G2 Choisir, lorsque deux formes coexistent, la forme sans **h**.

S'IL EXISTE **avec h** ou **sans h** → CHOISIR **sans h** (♥) (rapsodie, ululer)

➤ Écrit-on **acupuncture** ou **acuponcture** ? (indice : on prononce toujours « **on** »)

G3 S'IL EXISTE **un** OU **on** → CHOISIR **on** (♥) (acu**pon**cteur)

G4 S'IL EXISTE **um** OU **om** → CHOISIR **om** (♥) (nél**om**bo)

➤ Écrit-on **homéopathie** ou **homœopathie** ? (les deux formes coexistaient)

G5 S'IL EXISTE **æ** OU **é** → CHOISIR **é** (♥) (**é**gagropile)

G6 S'IL EXISTE **æ** OU **e** → CHOISIR **e** (♥) (**e**sthésiogène)

G7 S'IL EXISTE **œ** OU **é** → CHOISIR **é** (♥) (c**é**lioscopie)

G8 S'IL EXISTE **œ** OU **e** → CHOISIR **e** (♥) (**e**strogène)

G3 à G8 – Choisir la forme la plus simple ou la plus française (♥)

G9 à G14 – Choisir la forme la plus simple ou la plus française (♥)

→ Écrit-on cacahouète ou cacahuète ? (indice : on prononce toujours « ou »)

G9 — S'IL EXISTE u, û, w, oo ou ou → CHOISIR **ou** (♥) (iglou)

→ Écrit-on kleptomane ou cleptomane ? (les deux formes coexistent depuis longtemps)

G10 — S'IL EXISTE k, kh, ch, ck, cqu ou c → CHOISIR **c** (♥) (sanscrit)

G11 — S'IL EXISTE k, ck, cqu, qu ou que → CHOISIR **qu** ou **que** (♥) (riquiqui)

G12 — S'IL EXISTE ck, ch ou k (mais pas c) → CHOISIR **k** (♥) (yak)

→ Écrit-on goulash ou goulasch ou goulache ? (les trois formes coexistent)

G13 — S'IL EXISTE sh, sch, ch ou che → CHOISIR **ch** ou **che** (♥) (chelem)

G14 — S'IL EXISTE sch ou sh (mais pas ch) → CHOISIR **sh** (♥) (shako)

↑ Écrit-on **swastika** ou **svastika** ? (indice : on prononce toujours « v »)

G15 | S'IL EXISTE **w** OU **v** → CHOISIR **v** | (**♥**) (**svastika**)

↑ Écrit-on **parapher** ou **parafer** ? (les deux formes coexistent depuis longtemps)

G16 | S'IL EXISTE **ph** OU **f** → CHOISIR **f** | (**♥**) (**fantasme**)

↑ Écrit-on **maffia** ou **mafia** ? (les deux formes coexistent depuis longtemps)

G17 | **consonne double** ou **simple** → CHOISIR **consonne simple** (**♥**) (**canette**)

↑ Écrit-on une **crème antirides** ou une **crème antiride** ? (les deux coexistent)
↑ Écrit-on des **produits bio** ou des **produits bios** ? (les deux coexistent)

G18 | **sing./plur. invariables** ou **réguliers** → CHOISIR **sing./plur. réguliers** (**♥**)

G15 à G18 – Choisir la forme la plus simple ou la plus française (♥)

G19, G20 – Choisir la forme la plus simple ou la plus française (♥)

→ Écrit-on plate-forme ou **plateforme** ? (les deux formes coexistent)

G19 | S'IL EXISTE trait d'union ou **soudure** → CHOISIR **soudure** (♥)

→ Écrit-on fjord ou **fiord** ? (indice : le j se prononce toujours comme un i)

G20 Si aucune des règles spécifiques ci-dessus ne s'applique, alors il faut donner la préférence, en cas de concurrence entre plusieurs formes, à la forme la plus simple, la plus française, la plus claire (non ambiguë) ou la plus régulière, tout en respectant les règles générales du système orthographique du français*.

(autres cas)	complexe ou **simple** → CHOISIR **simple** (♥)
(autres cas)	étranger ou **français** → CHOISIR **français** (♥)
(autres cas)	ambigu ou **non ambigu** → CHOISIR **non ambigu** (♥)

*Les règles du français, qui sont complexes, comprennent les règles de prononciation lors de la lecture de certaines combinaisons de lettres, et le respect de séries et de familles de mots. Les cas G20 de la liste se limitent surtout aux cas clairement établis par des spécialistes.

Exemples de variantes à privilégier, à choisir

- ◇ **G1 : sans accent**
  nirvana
- ◇ **G2 : sans h**
  emmental
  néandertalien
  yogourt *(ou yaourt)*
- ◇ **G3 à G8 : français**
  acuponcture
  homéopathie
  phénix *(palmier)*
  estrogène
- ◇ **G9 : choisir ou**
  bélouga, gourou
  cacahouète

Iglou, vroum!
pouding (et G17 : d)
- ◇ **G10 à G12 : c/qu/k**
  caléidoscope
  calife, cleptomane
  algonquin(e)
  yak
- ◇ **G13 : choisir ch(e)**
  goulache
  hachich, kirch
  yidiche (et G17 : d)
- ◇ **G16 : choisir f**
  flegme, parafer
  téléférage

- ◇ **G17 : consonne simple**
  canette, dribler
  mafia, moufette
  nippone, résonance
  shérif, snif!
  tanin, trimbaler
  yukonais(e), youpi!
- ◇ **G18 : sing./plur. rég.**
  antirouille(s), bio(s)
  audio(s), vidéo(s)
  intergroupe(s)
  monobloc(s)
  multifonction(s)
  sympa(s)

- ◇ **G19 : soudure**
  encas *(repas léger)*
  parebrise
  piquenique
  platebande
  plateforme
  portemanteau
  tapecul
  tirebouchonner
- ◇ **G20 : choisir simple**
  canyon, fiord
  granite, g**ui**lde
  pagaille
  shamp**oi**ng, **tch**ao

Note (♥G1 à ♥G20) On ne fait pas disparaitre tous les **h**, on ne remplace pas tous les **œ**, les **oo**, les **k**, les **ph**… Ces règles choisissent entre des formes <u>existantes</u>. On n'invente pas de nouvelles formes.

G1 à G20 – Exemples plus simples ou plus français à choisir (♥)

G21 à G24 – Francisation en -eur et quelques innovations

→ Écrit-on **un rocker** ou **un rockeur** ?

G21 Franciser en **-eur** les terminaisons étrangères des noms en **-er** qui se prononcent « **-eur** » (peu importe si les deux formes coexistaient déjà ou non).

→ Écrit-on **señorita** ou **séniorita** ?

G22 Tenir compte des innovations suivantes :
- Le rapport du Conseil supérieur de la langue française (voir bibliographie, p. 210) recommande de franciser certains mots empruntés en les adaptant à la graphie du français en supprimant des signes étrangers et des combinaisons inutiles.
- Quelques autres graphies nouvelles ont été mises en place à l'initiative de lexicographes reconnus et d'éditeurs de dictionnaires. Elles sont dans la liste.

→ Écrit-on **fusionnite** ou **fusionite** ?

Lors de la création d'un mot nouveau (NÉOLOGISME), s'il est dérivé d'un nom :

G23 ...en **-an**, créer la graphie avec un simple **n** plutôt qu'avec **nn**.

G24 ...en **-on**, créer la graphie avec un simple **n** plutôt qu'avec **nn** devant un suffixe commençant par **a**, **i** ou **o** (**-onaire**, **-onalisme**, **-onite**, **-onologie**, etc.).

Exemples de francisation en -eur

◇ **621 : terminaison** -*er* → -*eur*

foot**balleur**
globetrot**teur** (et A4)
interview**eur**
kidnapp**eur**
rock**eur**
sprint**eur**
squatt**eur**

Exemples d'innovations lexicographiques

◇ **622 : recommandations (formes francisées)**

doña → do**ñ**a	señorita → s**é**norita
paella → pa**ë**lla	tagliatelle → ta**li**atelle
pietà → pi**é**ta	volapük → volapu**k**

◇ **623 : néologisme dérivé d'un nom en** -*an*
gitan → gitan**ologie**

◇ **624 : néologisme dérivé d'un nom en** -*on*
fusion → fusion**ite**

Note (G21) La finale en -**eur** est de règle lorsqu'il existe un verbe de même forme (en -**er**) à côté du nom. Ainsi, le fait d'écrire maintenant **un squatteur** (plutôt que d'écrire **un squatter**) permet de distinguer le nom **squatteur** du verbe **squatter**.

Le féminin qui s'ensuit (comme les formes régulières **squatteuse, rockeuse**...) ne relève pas des règles des rectifications, mais tout simplement des règles générales du français.

621 à 624 – Francisation en -*eur* et quelques innovations

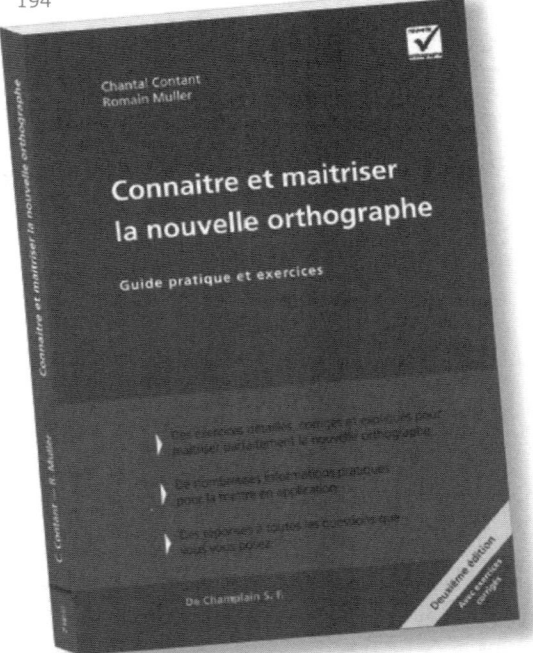

Connaitre et maitriser la nouvelle orthographe
Guide pratique avec exercices

Le guide complet pour les enseignants et les professionnels de l'écriture

Exercices et corrigés

Pour les personnes voulant s'exercer à employer les formes modernes, le guide *Connaitre et maitriser la nouvelle orthographe* est un outil pratique.

Plus de la moitié du livre est consacrée aux **exercices**, **corrigés**, **explications**, justifications, tours d'horizon, interrogations et curiosités. L'autre partie du livre répond à toutes les questions que vous vous posez et présente de nombreuses informations pratiques. En librairie.

EXERCICE. Exercez-vous à l'aide de ces courts extraits :

- **Mettez le mot suivant au pluriel.**

    un abat-jour, des _____

- **Écrivez ce nombre en lettres.**

    2012 : _____

- **Utilisez adéquatement le préfixe suivant.**

    contre + attaquer : _____

- **Choisissez la série recommandée.**

    ❏ *Baleineau, chevreau, lionceau, levraut.*
    ou ❏ *Baleineau, chevreau, lionceau, levreau.*

    ❏ *Règle, règlement, règlementation.*
    ou ❏ *Règle, règlement, réglementation.*

- **Conjuguez ce verbe à l'indicatif présent.**

    chanceler : *je* _____

LES RÉPONSES : *des abat-jours* ; *deux-mille-douze* ; *contrattaquer* ; *levreau* ; *règlementation* ; *je chancèle*.

Guide simplifié en couleurs

Les rectifications de l'orthographe du français

Simple, coloré et agréable à lire

Ce livre en couleurs contient :

- des tableaux qui comparent l'ancienne et la nouvelle orthographe ;
- les règles et leur résumé ;
- des conseils utiles pour la mise en application dans les écrits, au quotidien ;
- des bulles explicatives colorées attrayantes.

Un livre idéal pour le **grand public**, en **langage simple et clair** pour les employés de bureau, les parents, les élèves ou les personnes qui ne sont pas spécialistes de la langue française.

Des tableaux simples et en couleurs, des exemples qui se concentrent sur les mots courants, des encadrés attrayants. Bref, un livre facile d'accès, une initiation en douceur pour tout le monde !

Publié par De Boeck en Europe et par ERPI au Canada. Détails au www.chantalcontant.info.

Les rectifications de l'orthographe du français

La nouvelle orthographe accessible

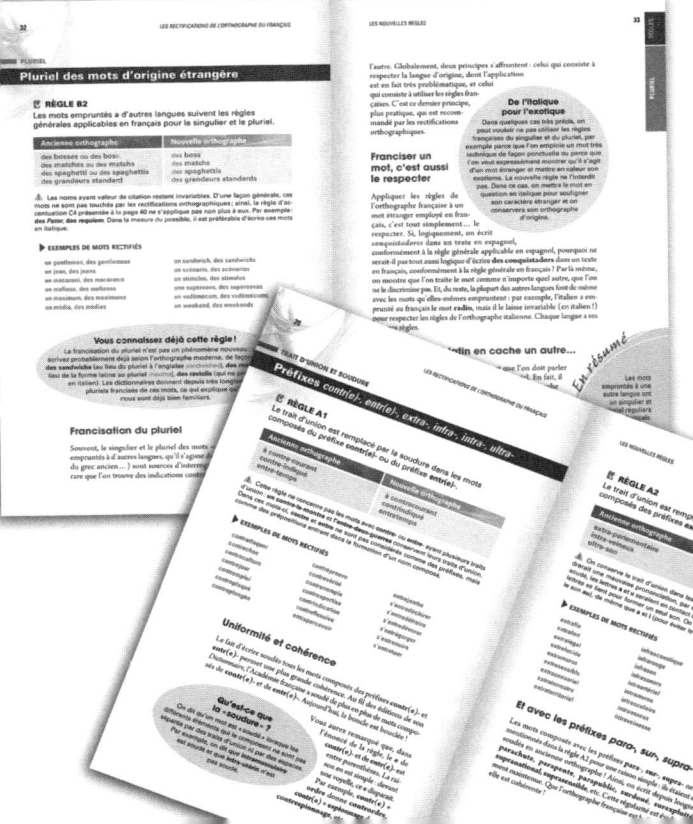

Grand vadémécum de l'orthographe moderne recommandée

La référence complète et détaillée
en matière de rectifications orthographiques.

Pour toute personne qui enseigne, corrige, révise, traduit ou rédige.

Aussi pour tous les mordus et les passionnés qui veulent tout comprendre.

La liste la plus complète dans la francophonie :

√ plus de mots √ plus d'explications √ beaucoup de mots inchangés sont signalés pour lever tout doute √ de nombreux renvois alphabétiques aident le repérage √ la catégorie de chaque mot est donnée √ tous les mots de la liste sont accompagnés d'une explication.

En librairie en Europe et au Canada.
www.dechamplain.ca/livres

La référence en orthographe

Le Verbe visite les pronoms
au village de La Phrase
conte éducatif

Suivez le roi *Le Verbe*
sur la rue Du Singulier
et la rue Du Pluriel pour
visiter les six boutiques
des pronoms.

**Une conjugaison parfaite de plaisirs,
à partir de sept ans.**

Un apprentissage en douceur des terminaisons verbales.

L'histoire amusante de Participe Passé
conte éducatif

Participe Passé adore être avec *Être*, son meilleur ami.
Il y a un parfait accord quand ils sont ensemble.

Le voisin *Avoir* est cependant beaucoup moins aimable.
Heureusement que marraine *Complément Direct* est là pour faire régner l'accord.

L'enfant apprendra à son insu les règles de base de l'accord du participe passé en français lorsqu'il fera connaissance avec les personnages de ce conte éducatif.

**Une façon simple
d'apprendre les règles
du participe passé
et de mettre fin
aux problèmes d'accord.**

Pour tous les âges.

En librairie en Europe
et au Canada.

www.dechamplain.ca/livres

Les habitants du village de La Phrase
conte éducatif

Une initiation aux classes de mots.

Pour les enfants de six ans et plus.

Dans ce conte, le roi *Le Verbe* cherche un sujet.
En parcourant le pays du Texte, il rencontrera toutes les classes de mots.

L'enfant fera connaissance avec le *Nom Commun*, son meilleur ami le chien *Déterminant*, ses copains les *Adjectifs*, les fous du roi appelés les *Adverbes*, etc.

Contes éducatifs amusants

Pour comprendre et retenir les règles d'accord du participe passé

Pour découvrir l'univers de la phrase

Pour se familiariser avec la conjugaison verbale

→ **Tous les détails au www.chantalcontant.info.**

√ **Une trousse pédagogique** permet de guider judicieusement les enseignants qui utilisent ce conte en classe pour familiariser leurs élèves avec les différentes catégories de mots dans la phrase. Pour se procurer la trousse, voir www.dechamplain.ca/livres.

√ Ce conte éducatif existe aussi en **version cédérom** pour l'école ou la maison.

Résumé des règles

Ce résumé ne retient que l'essentiel des règles. Pour tous les détails, consulter la présentation complète à la page 170.

A SOUDURE ET TRAIT D'UNION : SOUDURE...

A1 ...avec *contr(e)-* et *entr(e)-*
A2 ...avec *extra-, infra-, intra-, ultra-*
A3 ...dans les composés d'éléments savants
A4 ...dans les onomatopées et les emprunts
A5 ...dans plusieurs composés avec *-tout, bas(se)-, bien-, haut(e)-, mal-, mille-,* et dans quelques autres composés

A6 TRAIT D'UNION dans un numéral composé

B SINGULIER et PLURIEL réguliers...

B1 ...dans les noms composés de type VERBE + NOM et aussi PRÉPOSITION + NOM
B2 ...dans les noms et adjectifs empruntés

C1 ACCENT GRAVE...

> é → è avant une syllabe contenant « e muet »

...dans des mots comme *évènement, règlementaire, crèmerie, assèchement*
...au futur et au conditionnel des verbes du type *céder* (*cèdera, cèderait*)
...dans les inversions avec *-je* (*puissè-je*)

C2 ACCENT CIRCONFLEXE disparait sur *i* et *u*

| î → i | Exceptions : |

je croîs, elle croît, nous partîmes/vous finîtes/qu'il fît...

| û → u | Exceptions : |

dû, mûr, sûr, jeûne(s), crûs/crût, eûmes/qu'il bût...

C3 TRÉMA déplacé

| -guë- → -güe- | (*ambigüe*)

| -guï- → -güi- | (*ambigüité*)

TRÉMA ajouté

| arguer → argüer | (*j'argüe*)

| -geure → -geüre | (*gageüre*)

C4 ACCENTS FRANÇAIS sur les emprunts

D CONSONNE SIMPLE

D1
| -elle → -èle   (verbes en *-eler*) |

Exceptions : *appeler* et sa famille

| -ellement → -èlement   (dérivés) |

| -ette → -ète   (verbes en *-eter*) |

Exceptions : *jeter* et sa famille

| -ettement → -ètement   (dérivés) |

D2 Consonne simple (et non double) après le son « e » (*interpeler, prunelier*)

D3 | **-olle → -ole** (et dérivés de ces mots)
Exceptions : *colle, folle, molle*

| **-otter → -oter** (et dérivés de ces verbes)

E LE PARTICIPE PASSÉ *LAISSÉ* suivi d'un infinitif est invariable

F1 Quelques familles de mots sont harmonisées (*boursouffler, combattif*)

F2 Quelques anomalies sont supprimées (*exéma, levreau, ognon, nénufar, relai*)

F3 | **e → é** si l'accent aigu manquait (mot français)

| **e → è** si l'accent grave manquait (mot français)

F4 | **-illier → -iller** si le 2ᵉ **i** ne s'entend pas

| **-illière → -illère** si le 2ᵉ **i** ne s'entend pas

G RECOMMANDATIONS GÉNÉRALES (si deux formes attestées coexistent en concurrence)

G1 | → choisir **sans accent ou tréma inutile**

G2 | avec h ou **sans h** → **sans h**

G3 | un ou **on** → **on**

G4 | um ou **om** → **om**

G5/G7 | æ ou œ ou **é** → **é**

G6/G8 | æ ou œ ou **e** → **e**

G9	u, û, w, oo ou **ou** → **ou**
G10	k, kh, ch, ck, cqu ou **c** → **c**
G11	k, ck, cqu, **qu** ou **que** → **qu** ou **que**
G12	ck, ch ou **k** → **k**
G13	sh, sch, **ch** ou **che** → **ch** ou **che**
G14	sch ou **sh** → **sh**
G15	w ou **v** → **v**
G16	ph ou **f** → **f**
G17	double/simple → **consonne simple**
G18	invariables → **sing./plur. réguliers**
G19	trait d'union/soudure → **soudure**
G20	→ choisir **simple, français, non ambigu** (*canyon, fiord, shampoing, granite…*)
G21	**-er** (ou **-eur**) → **-eur** (francisation)
G22	→ tenir compte d'innovations reconnues (*paélia, piéta, séniorita, taliatelle, volapuk…*)
G23	✎ **NÉOLOGISME** avec un nom en *–an* : → créer le mot avec un seul *n*
G24	✎ **NÉOLOGISME** avec un nom en *–on* : → créer avec un *n* si suivi de *a, i, o*

Bibliographie

Lectures recommandées

Connaitre et maitriser la nouvelle orthographe : guide pratique et exercices, de C. Contant et R. Muller, éditions De Champlain S. F., 2009 (*guide complet pour les professionnels, avec corrigés, voir p. 194*).

Les rectifications de l'orthographe du français, de C. Contant et R. Muller, éditions ERPI et De Boeck, 2010 (*guide simplifié accessible, en couleurs, pour les non-spécialistes, voir p. 196*).

Grand vadémécum de l'orthographe moderne recommandée, de C. Contant, éditions De Champlain S. F., 2009 (*liste la plus complète, explications supplémentaires, voir p. 198*).

www.nouvelleorthographe.info : positions officielles, nouvelles règles et exercices en ligne, liste de dictionnaires à jour, formations, etc.

www.orthographe-recommandee.info : divers documents des ministères de l'Éducation, logos de conformité, correcteurs informatiques, etc.

Bibliographie pour ce livre

Académie française. *Dictionnaire de l'Académie française*, 9e édition, tome 1 (A-Enz) et tome 2 (Eoc-Map), éditions Fayard, Paris, 2000-2005.

Académie française. « Orthographes recommandées par le Conseil supérieur de la langue française », site de l'Académie [www.academie-francaise.fr].

Antidote RX (2009) et Antidote HD (2010), logiciel, Druide informatique, Montréal [www.druide.com].

CATACH, Nina. *L'orthographe en débat*, éditions Nathan, Paris, 1991.

CATACH, Nina, avec la collaboration de J.-C. Rebejkow. *Varlex : variation lexicale et évolution graphique du français actuel (Dictionnaires 1989-1997)*, CILF, Paris, 2001.

Conseil supérieur de la langue française (France). « Les rectifications de l'orthographe — Rapport », publié au *Journal officiel de la République française,* Paris, 6 décembre 1990.

Dictionnaire de la langue française : le français vu du Québec, équipe Franqus, Université de Sherbrooke et gouvernement du Québec, 2009 et 2010 [www.franqus.ca].

Dictionnaire des industries. 36 000 définitions. Index anglais-français, CILF, Paris, 1986.

Dictionnaire Hachette, éditions Hachette Éducation, Paris, 2005 et 2010.

Grand dictionnaire terminologique (GDT), dictionnaire en ligne, Office québécois de la langue française, gouvernement du Québec.

Grand Larousse universel. Grand dictionnaire encyclopédique Larousse, éd. en 15 vol., Librairie Larousse, Paris, 1989 (édition originale 1982).

GREVISSE, Maurice, et André GOOSSE. *Le bon usage : grammaire française*, éditions De Boeck-Duculot, Louvain-la-Neuve, 1993 et 2007.

Le Nouveau Littré, dict., éd. Garnier, Paris, 2006.

Le Nouveau Petit Robert. Dictionnaire alphabétique et analogique de la langue française, éd. Dictionnaires Le Robert, Paris, 2004, 2007, 2009 et 2010.

Le Petit Larousse illustré, éditions Larousse, Paris, 1988, 2006, 2007, 2009 et 2010.

Le Petit Robert 1. Dictionnaire alphabétique et analogique de la langue française, éditions Dictionnaires Le Robert, Paris, 1990.

Noms français des oiseaux du monde (avec les équivalents latins et anglais), Comm. intern. des noms français des oiseaux (CINFO), éd. Chabaud (France) et éd. MultiMondes (Québec), 1993.

RAMAT, Aurel. *Le Ramat de la typographie*, éditions Aurel Ramat, Montréal, 2004 et 2008.

RENOUVO (Réseau pour la nouvelle orthographe du français). Brochure *Vadémécum de l'orthographe recommandée : le millepatte sur un nénufar*, 2003 à 2008, Dijon [www.renouvo.org].

REY-DEBOVE, Josette, et Béatrice LE BEAU-BENSA. *La réforme de l'orthographe au banc d'essai du Robert*, éd. Dictionnaires Le Robert, Paris, 1991.

Trésor de la langue française (*TLF*) informatisé, dictionnaire en ligne, ATILF/CNRS, Nancy.

Vérifiez votre orthographe. 64 000 mots, éditions Dictionnaires Le Robert, Paris, 2008.

Remerciements

Un merci très particulier à **Joceleyn Lavoie**, correcteur-réviseur expérimenté au Bureau de normalisation du Québec, pour ses interventions soutenues et son énorme contribution à l'augmentation de la liste du *Grand vadémécum de l'orthographe moderne recommandée*, dont le présent ouvrage (la version simplifiée) bénéficie aujourd'hui.

Merci aux gens du **Réseau pour la nouvelle orthographe du français** (RENOUVO) qui ont élaboré, à partir du rapport du Conseil supérieur de la langue française, les règles réemployées ici et une liste de base d'environ 2 000 mots (la brochure *Le millepatte sur un nénufar*) qui a précédé la conception de ce livre.

Merci à **Francine Corbeil**, pour son aide précieuse lors de la mise en page et de la révision de cet ouvrage, permettant qu'il soit fonctionnel et harmonieux.

Merci aux relectrices **Valérie Chieu** et **Caroline Dault**, pour leurs observations judicieuses. Merci à **Jocelyn Morand-Contant**, pour la grande fiabilité de son travail informatique et typographique. Merci à Druide informatique pour les définitions tirées d'**Antidote**.

Sources de la liste et des règles

Ce livre est une version simplifiée du *Grand vadémécum de l'orthographe moderne recommandée* (liste plus complète et plus détaillée, voir à la page 198). Le *Grand vadémécum* est le fruit d'un très long travail de recherche exhaustive : il est devenu la référence en orthographe moderne.

Le présent livre et le *Grand vadémécum* appliquent le rapport sur les rectifications de l'orthographe du français du Conseil supérieur de la langue française publié au *Journal officiel de la République française* en 1990.

Ils suivent les traces des travaux du RENOUVO (Réseau pour la nouvelle orthographe du français), dont la brochure 2003-2008 et le site ont été une ressource inestimable. Ils respectent aussi l'esprit des travaux des éditions Le Robert (publication 1991) et de ceux de Nina Catach sur le sujet.

Enfin, de nombreux dictionnaires ont été consultés.

Toutes ces sources figurent dans la bibliographie (pages 209 à 211).

Table des matières

Comment utiliser ce livre — 5
    Consultation facile

Testez votre orthographe — 6

Orthographe en évolution — 8
    Vers plus de cohérence
    Dictionnaires et correcteurs
    À l'école
    Au travail et à la maison

Informations pratiques — 10
    L'ordinateur pour vous aider
    Sites à visiter
    Fausses rumeurs
    Formation pratique
    Informations gratuites

Liste simplifiée — 15
    Conventions dans la liste — 16
    Parcourez la liste — Astuce — 19
    Les mots de la liste — 21

Règles — 169

Ouvrages sur l'orthographe — 194

Résumé des règles — 204

Bibliographie — 209

Remerciements — 213

Sources de la liste et des règles — 214

Contes éducatifs

Pour se familiariser avec les classes de mots et la conjugaison française

En librairie en Europe et au Canada

www.dechamplain.ca/livres

Guide complet avec exercices sur la nouvelle orthographe

Liste complète des mots

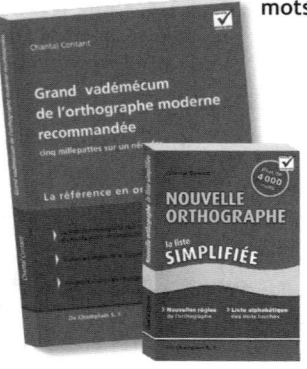